Luís Stabile

I0436514

TINY DIVAS
NEON PARTY EDITION

2024
STANDARD EDITION
ISBN: 9798875616198

NEON

PARTY

Listen to the "Neon Party" song while you put on all your neon colors to ignite this festive moment.

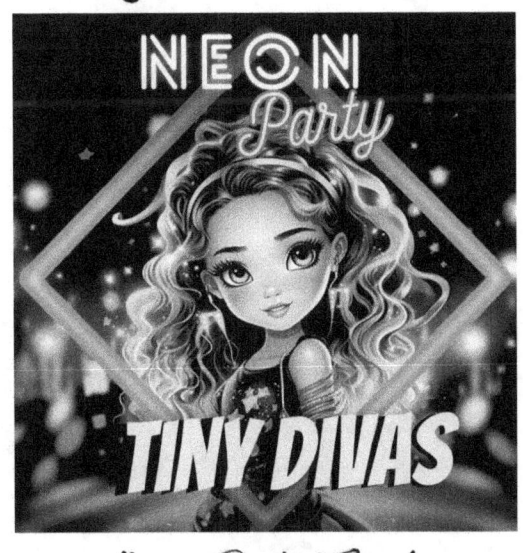

Neon Party Single
Neon Party The Remixes

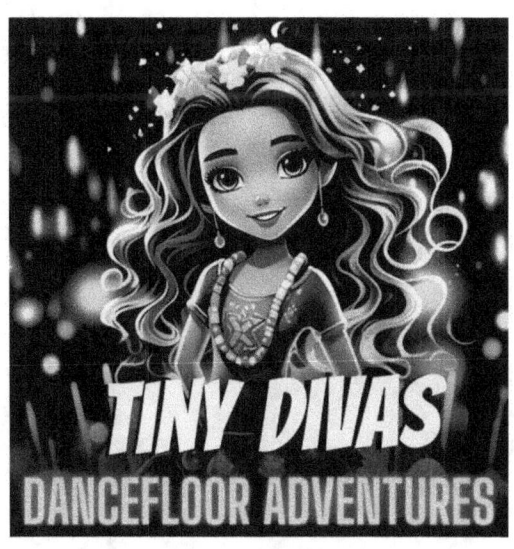

Dancefloor Adventures
Album

NEON PARTY

Neon Party

NEON
PARTY

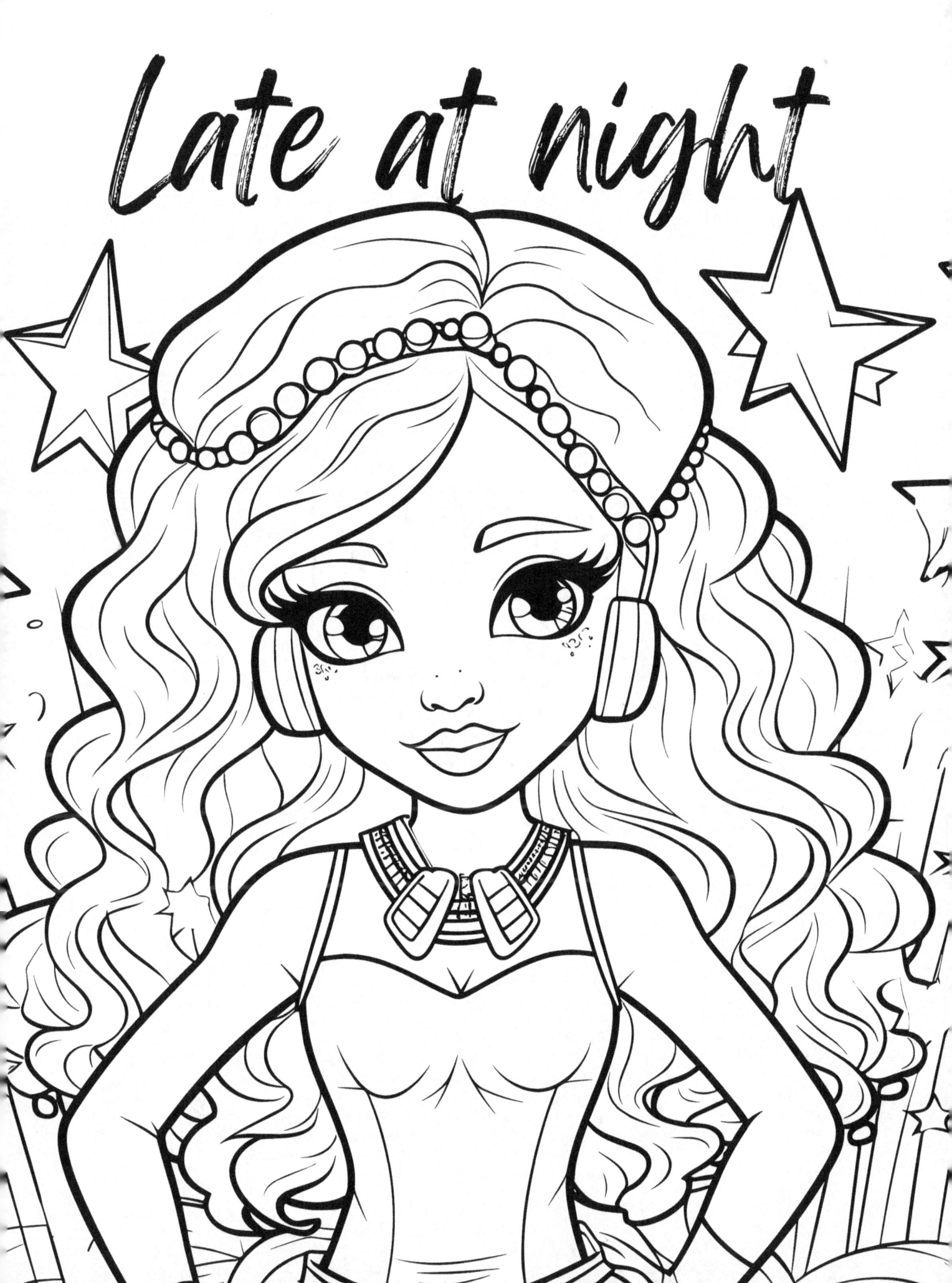

NEON
PARTY

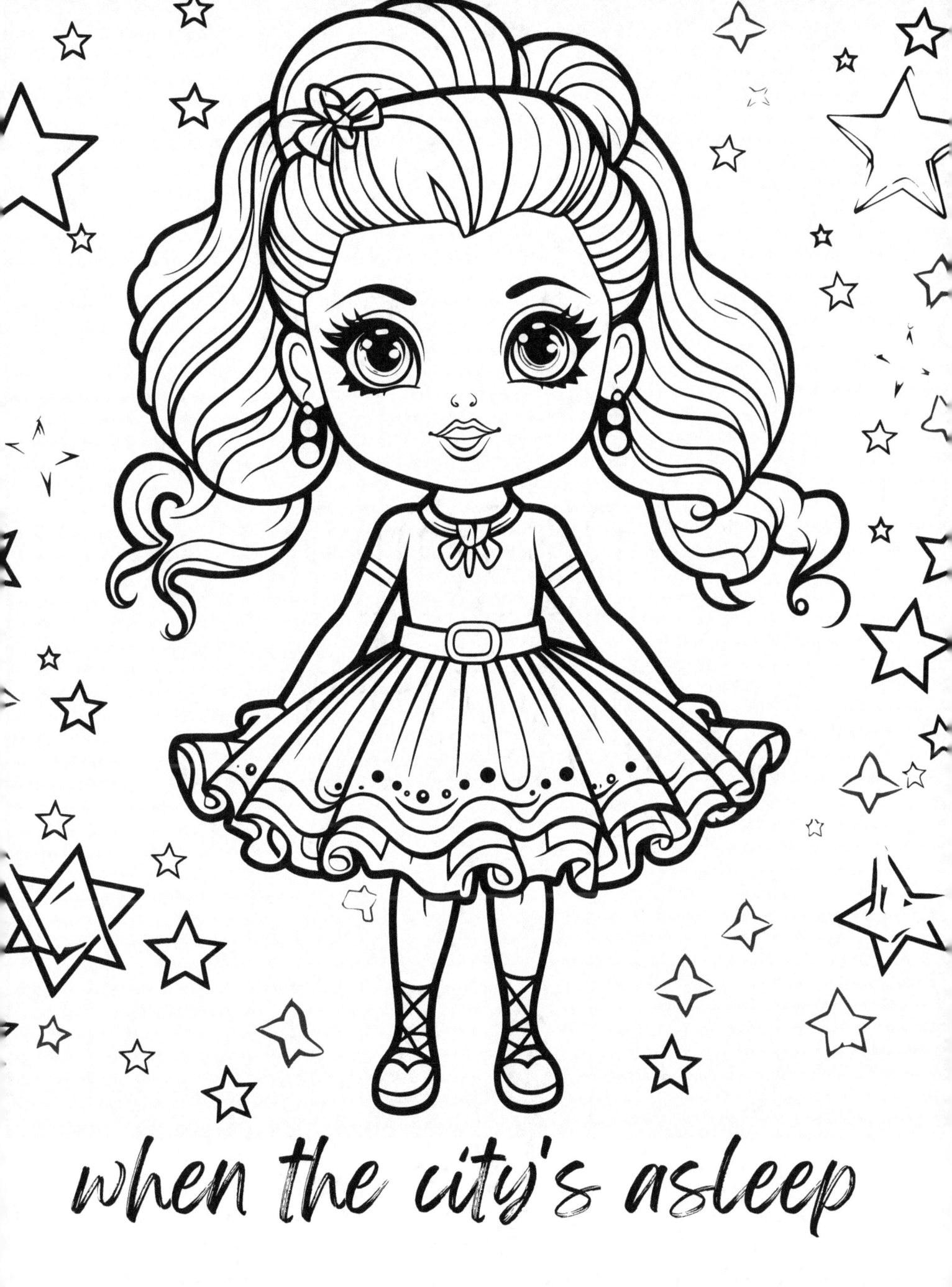

when the city's asleep

NEON
PARTY

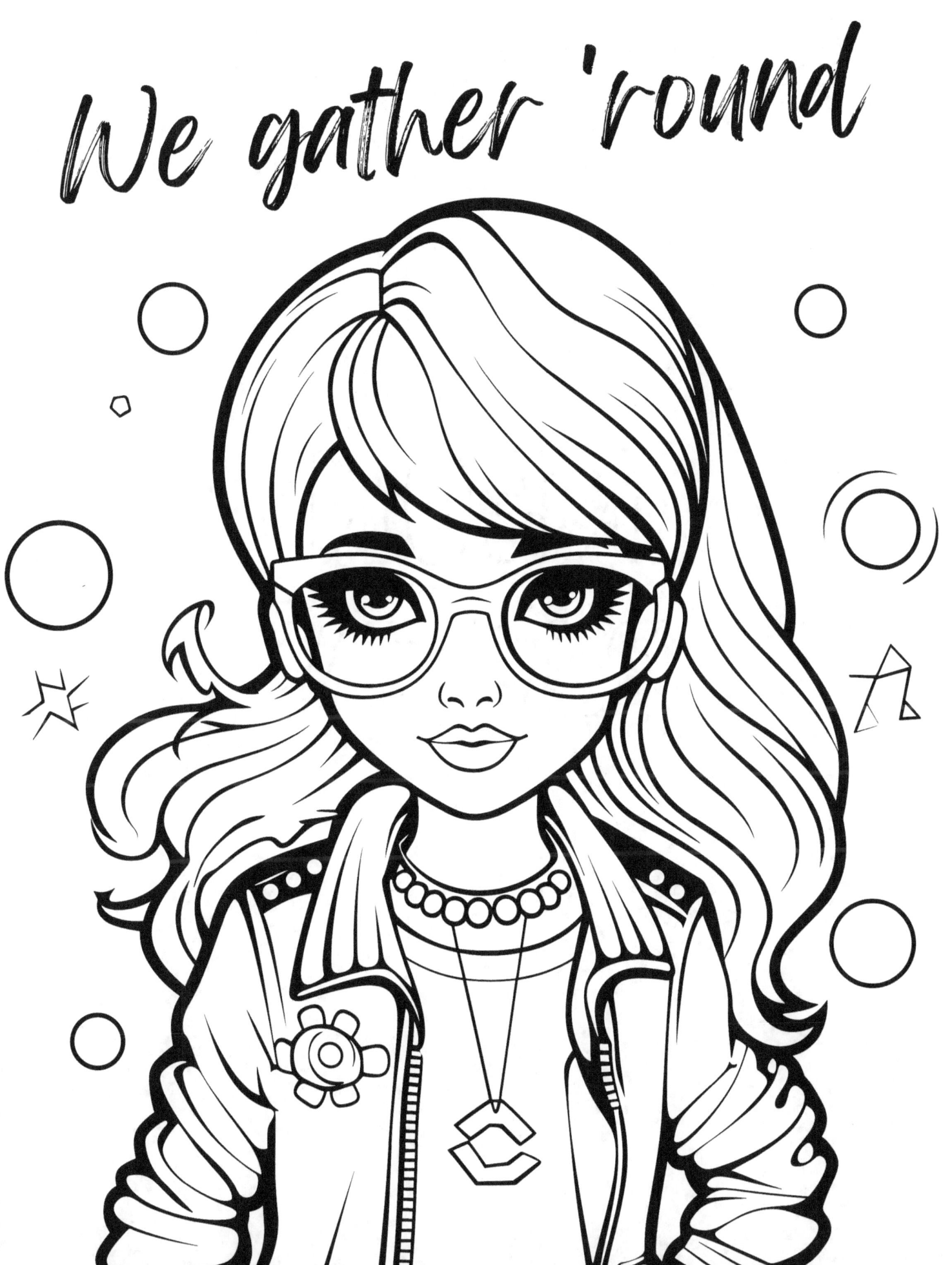

NEON PARTY

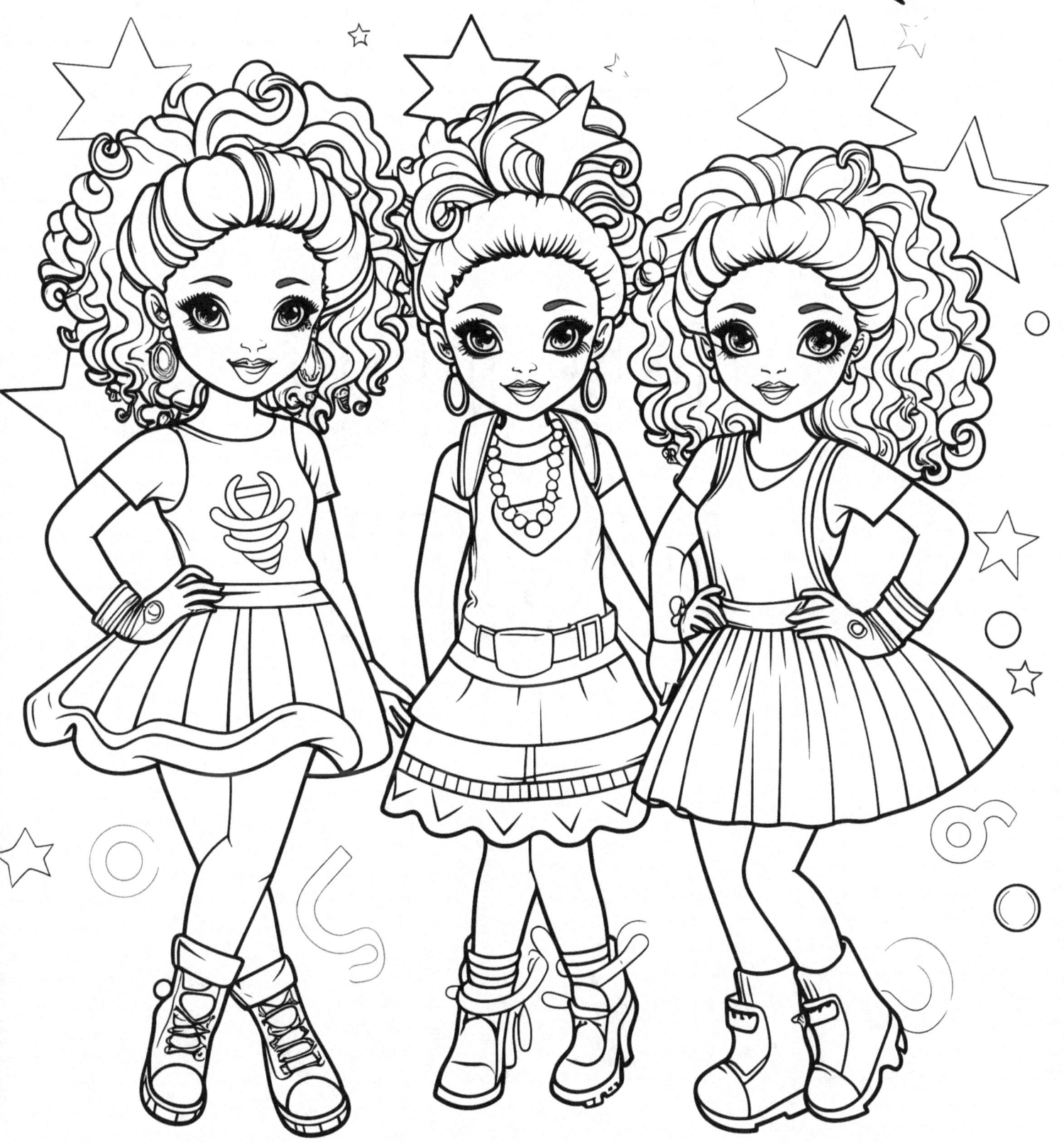

NEON PARTY

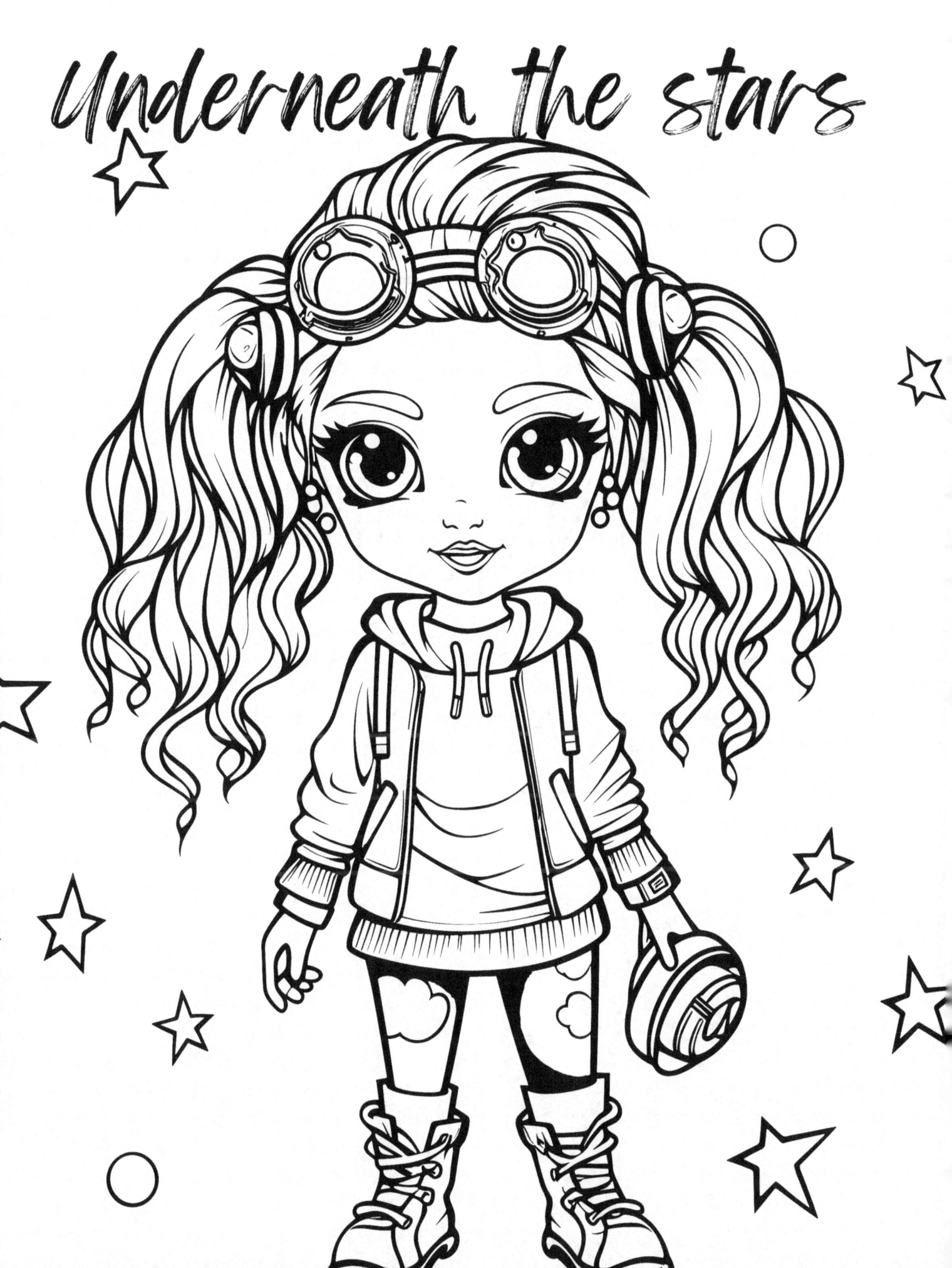

NEON
PARTY

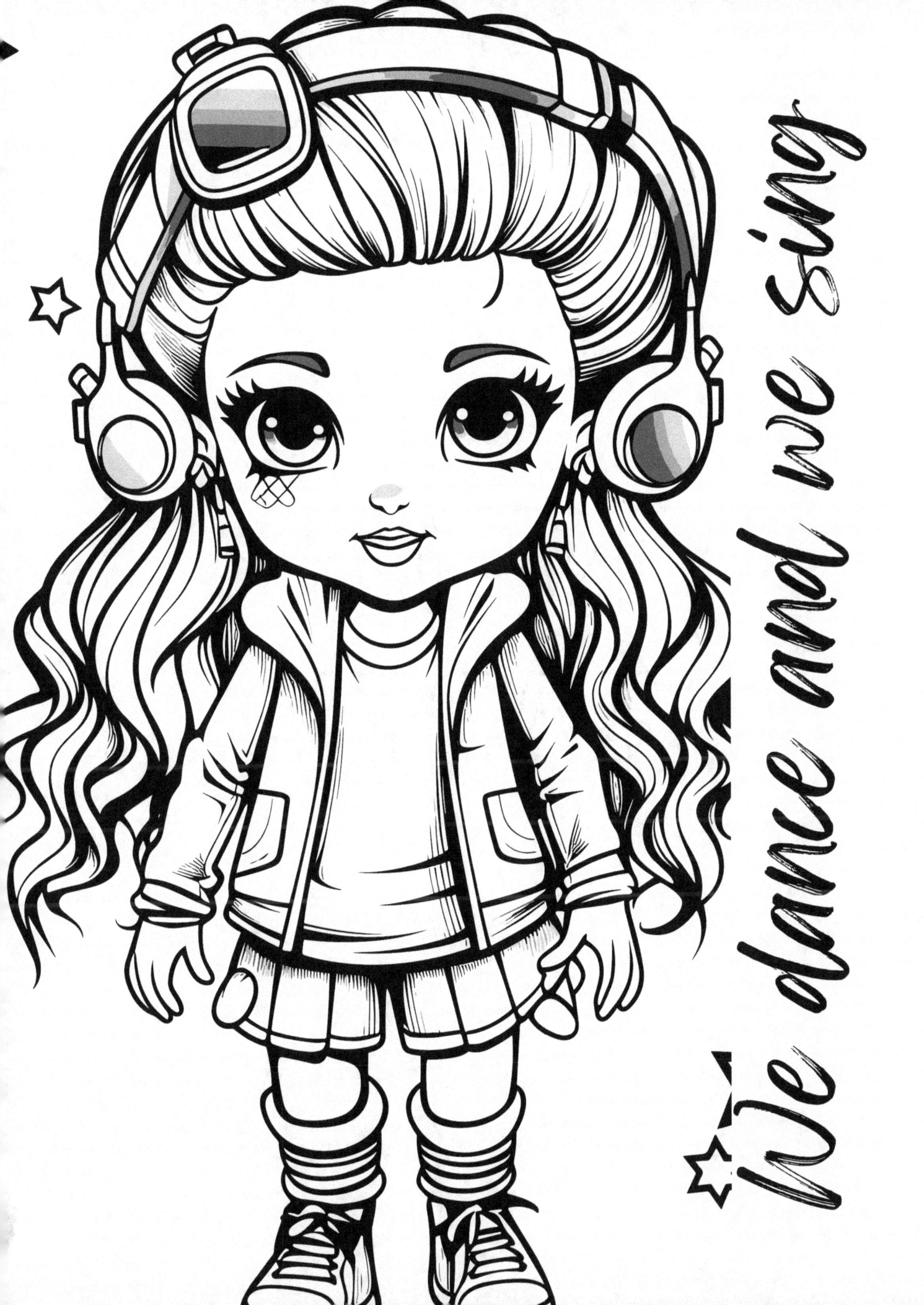

NEON PARTY

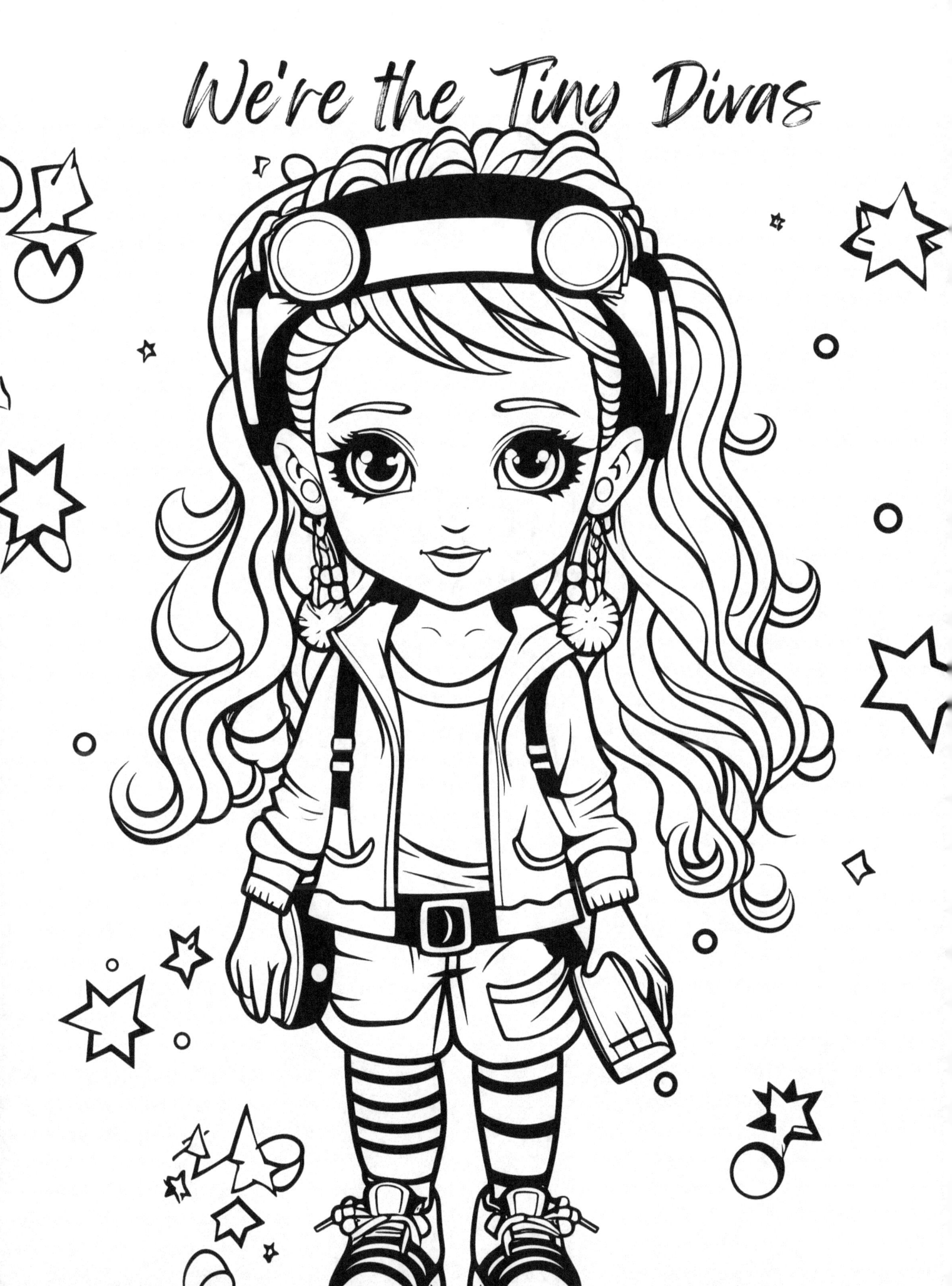

NEON
PARTY

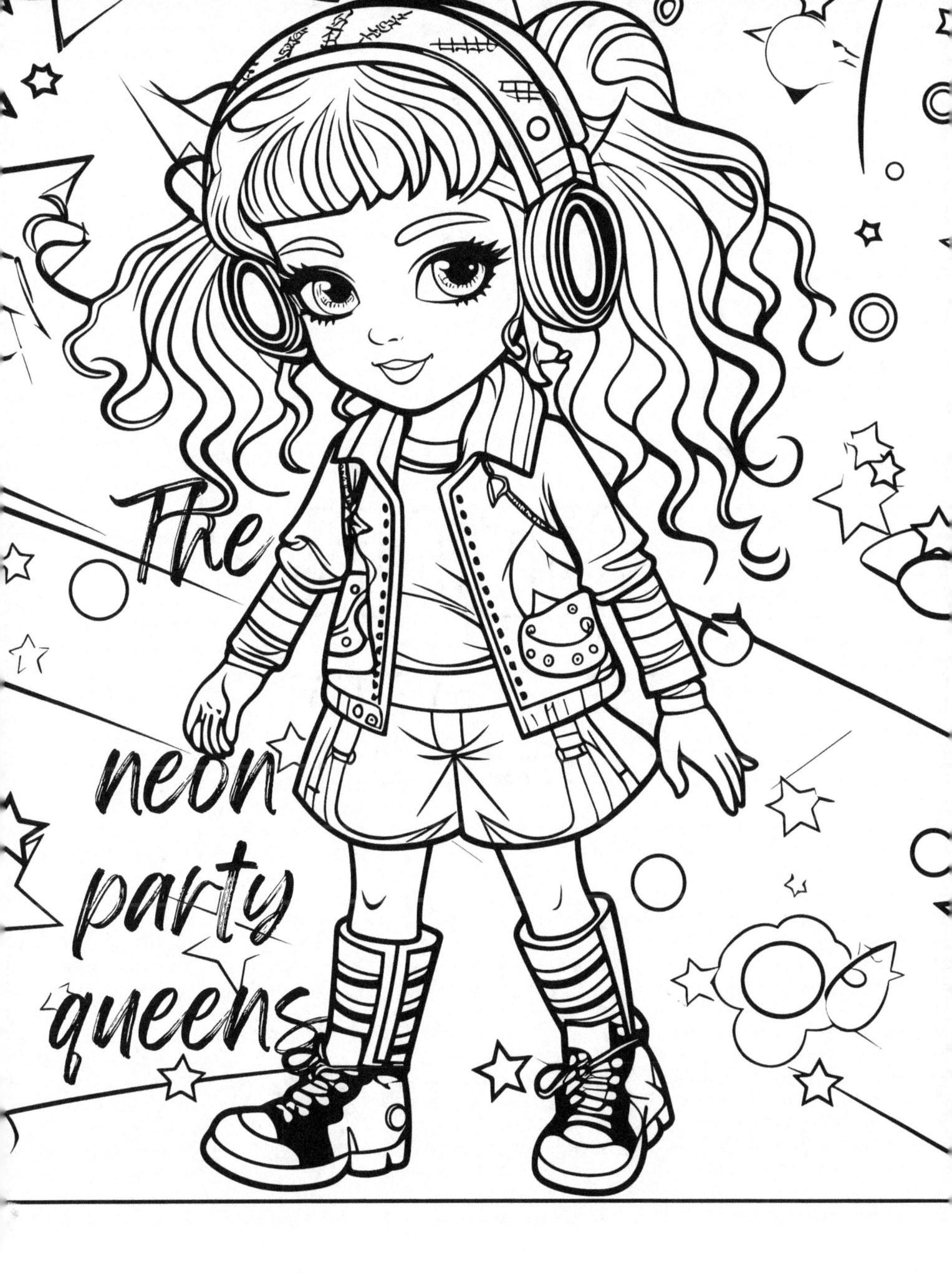

NEON
PARTY

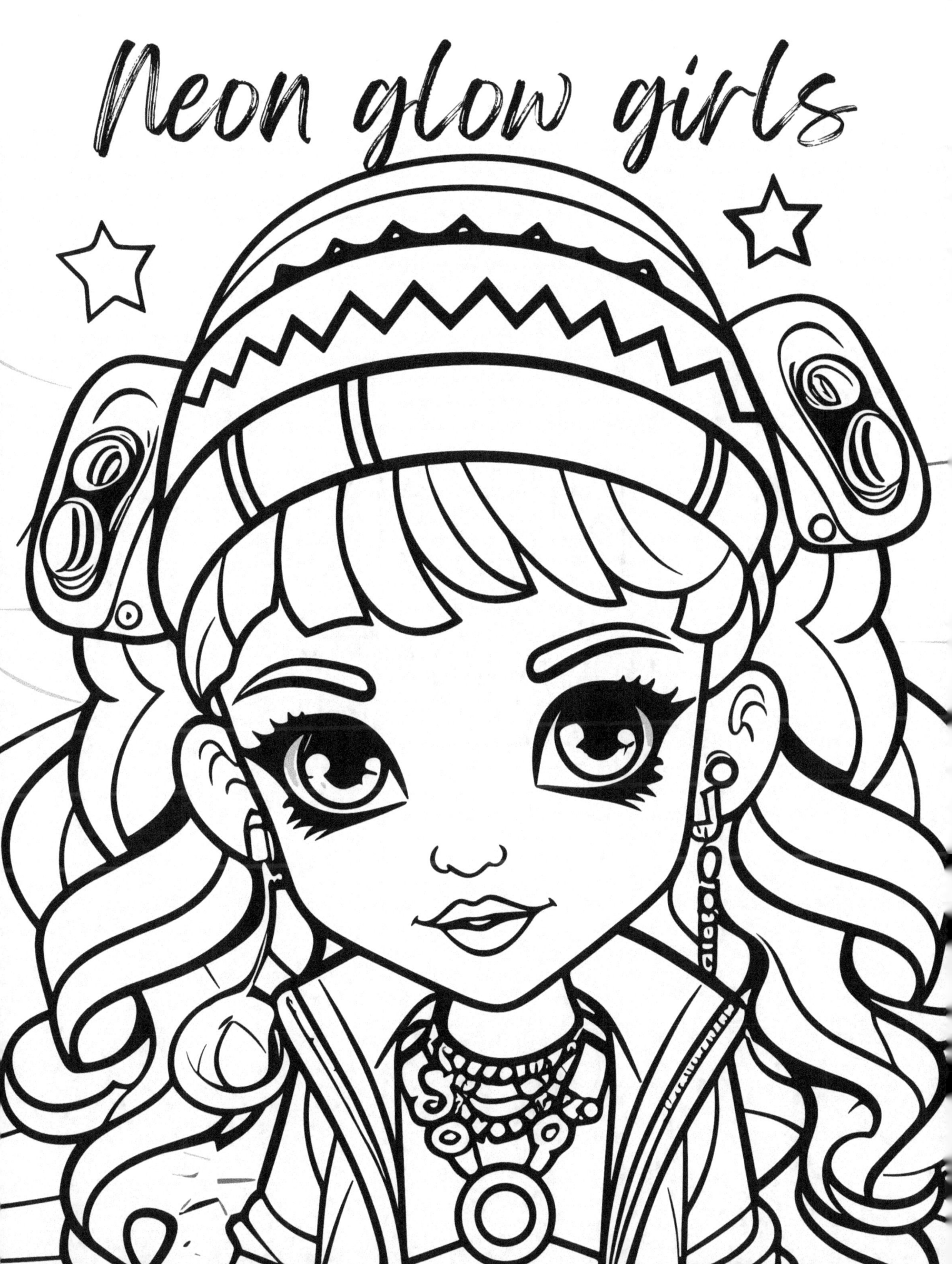

NEON
PARTY

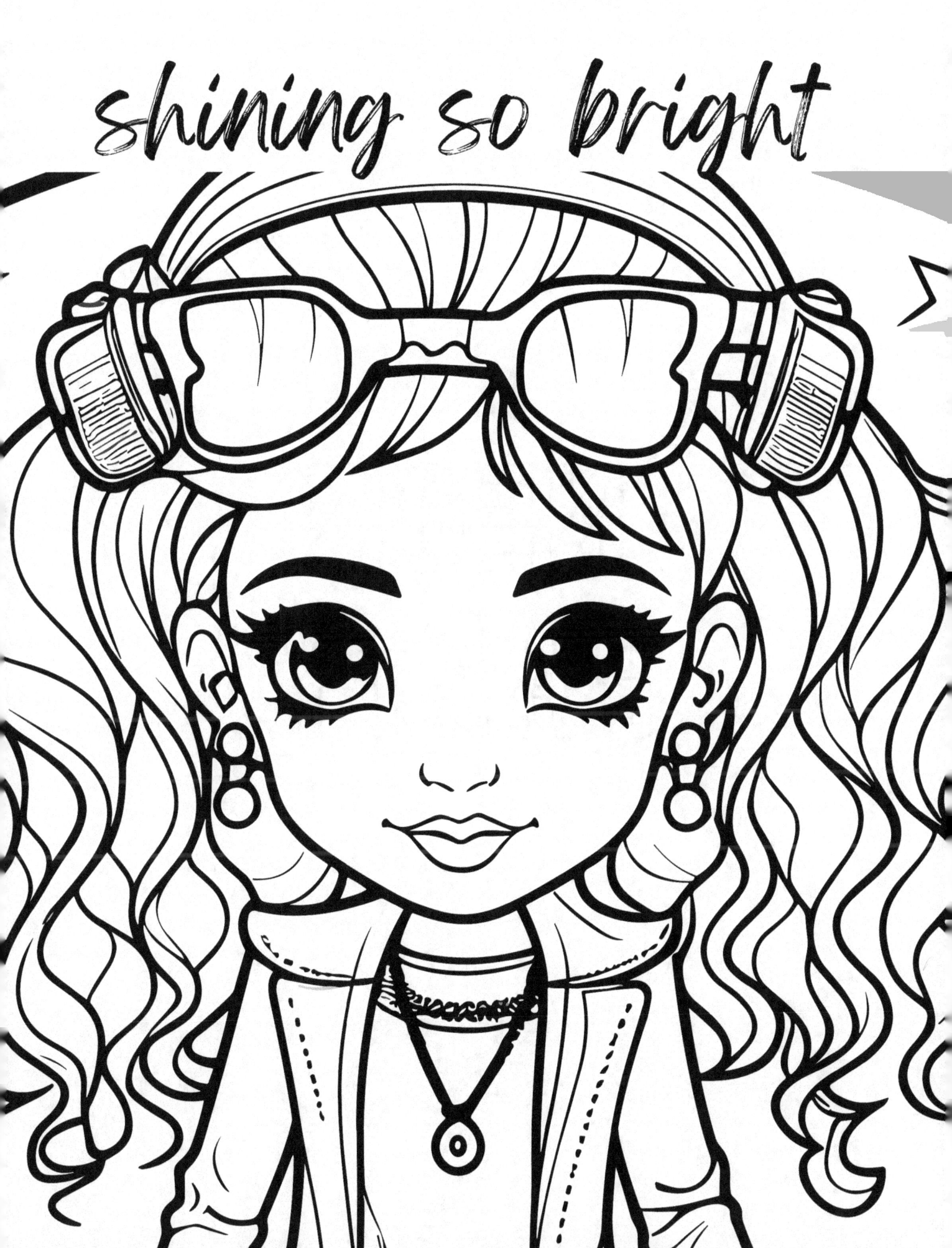

NEON
PARTY

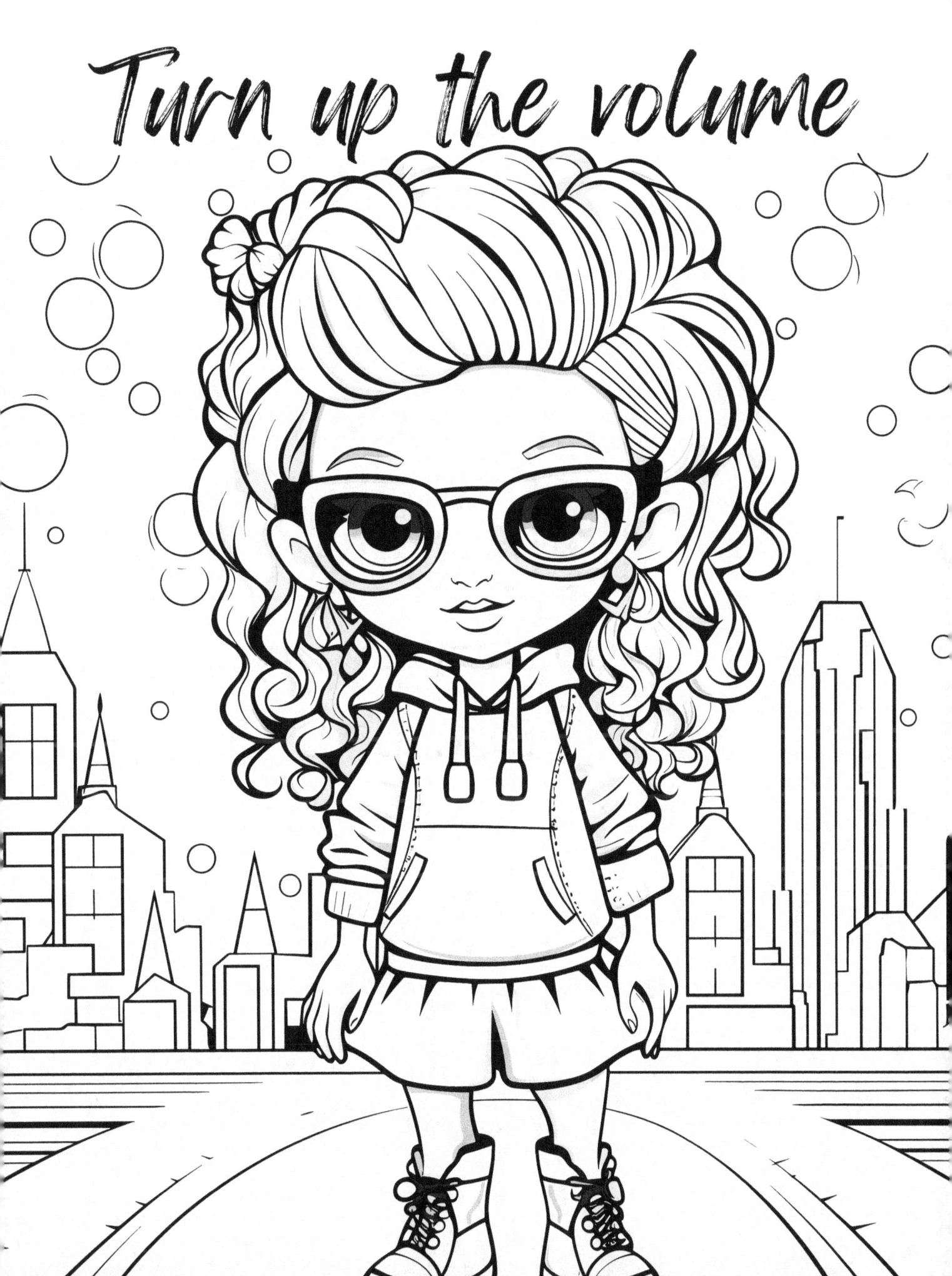

NEON
PARTY

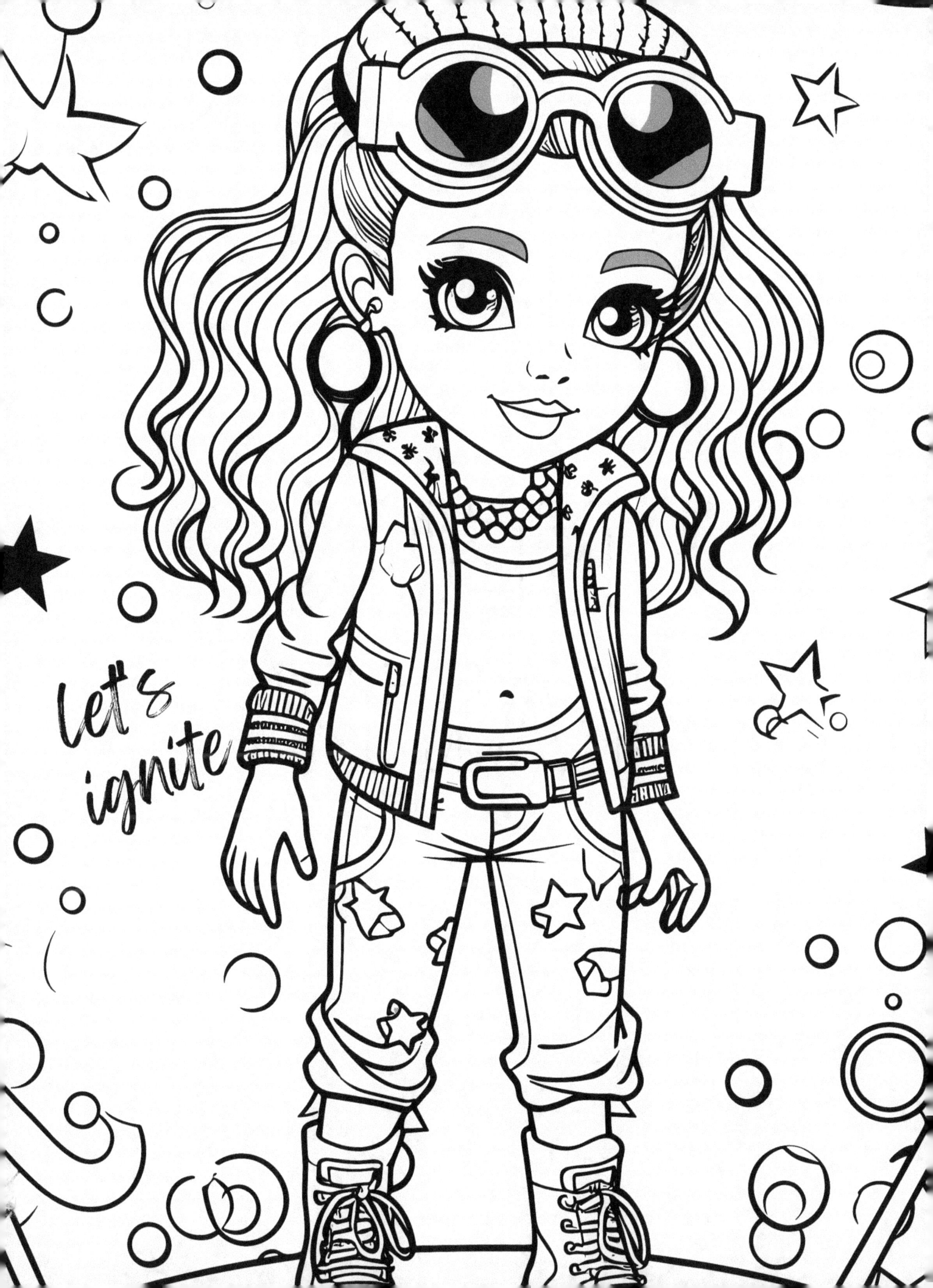

NEON
PARTY

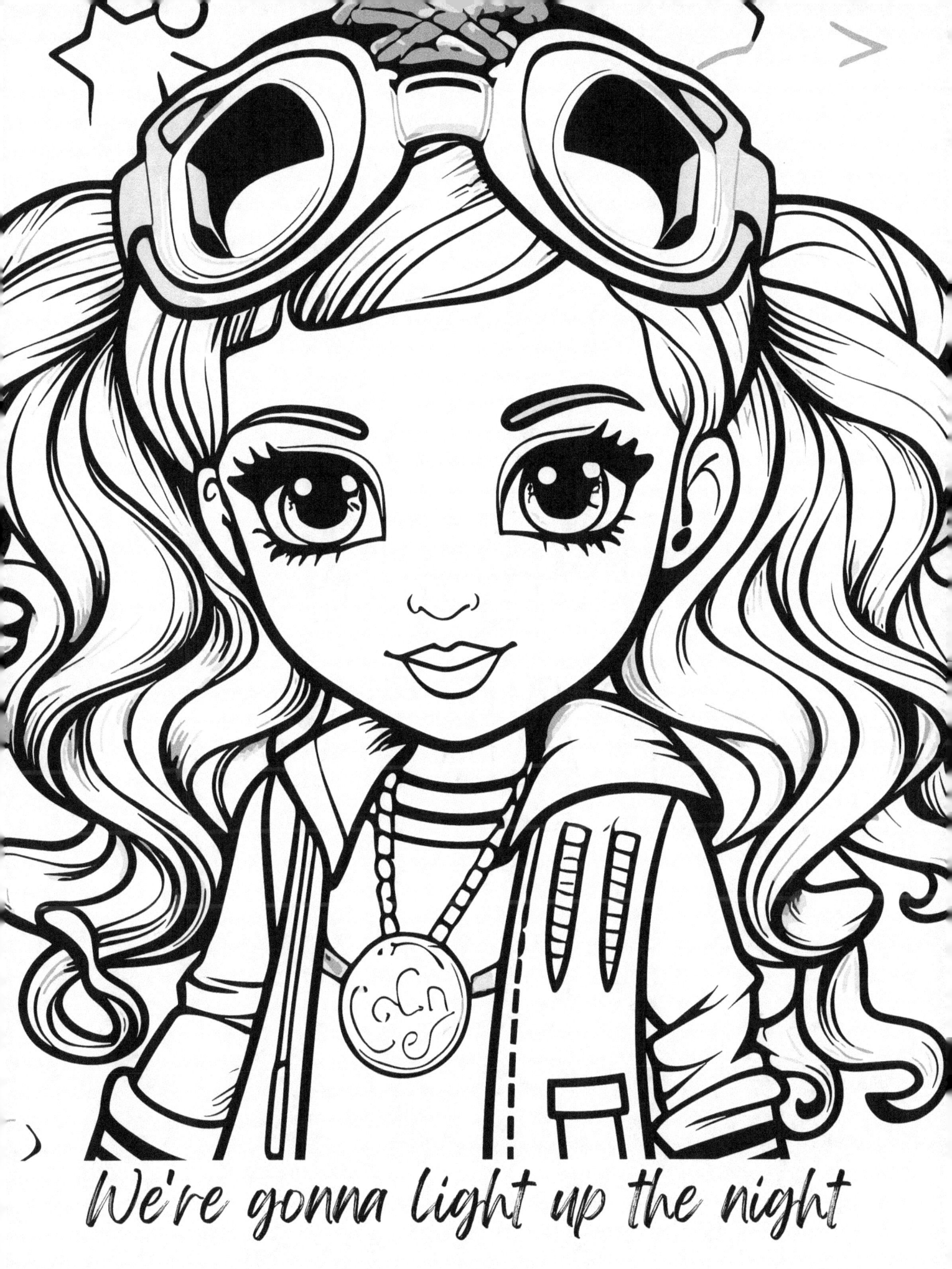

We're gonna light up the night

NEON
PARTY

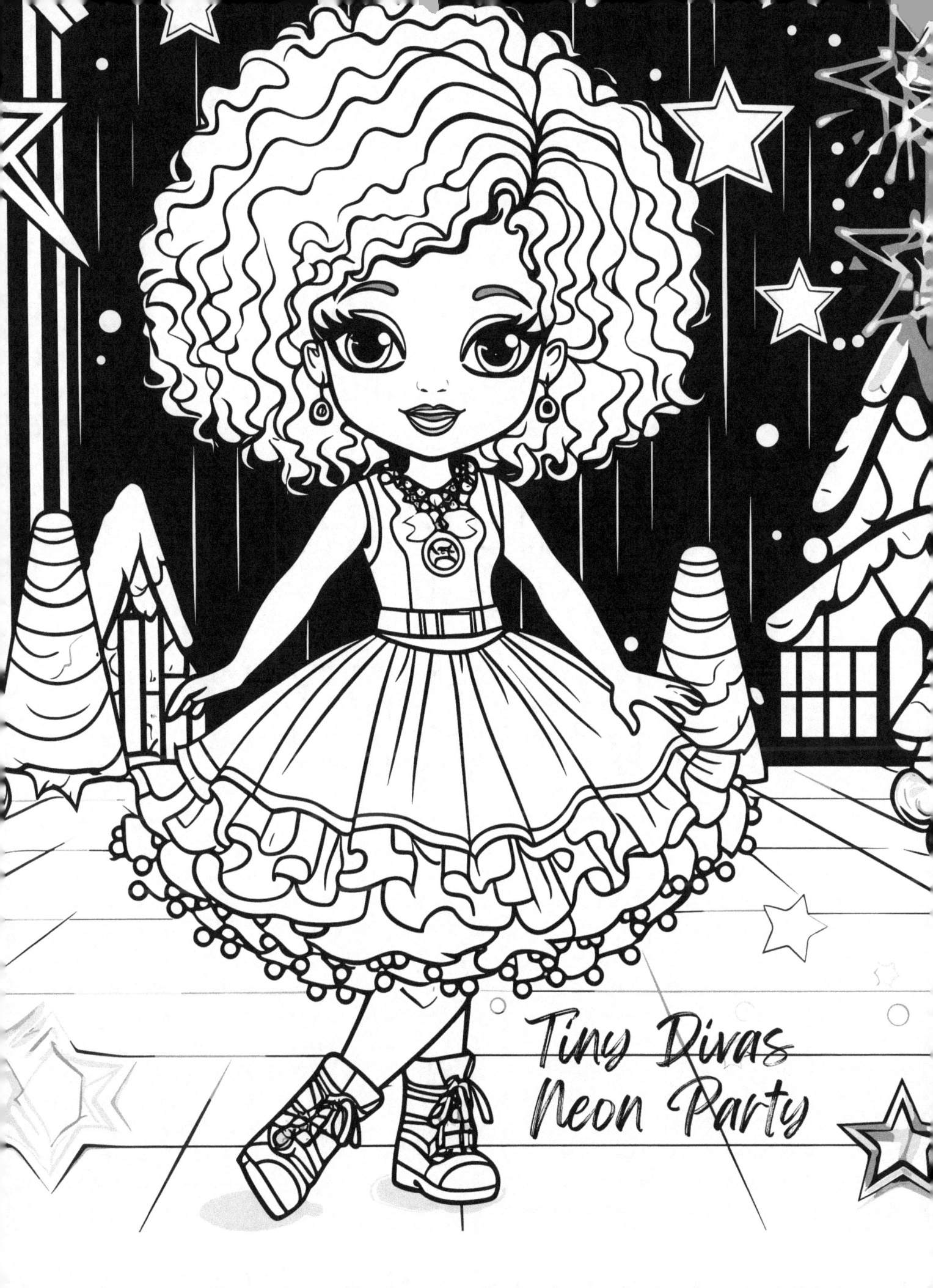

Tiny Divas
Neon Party

NEON
PARTY

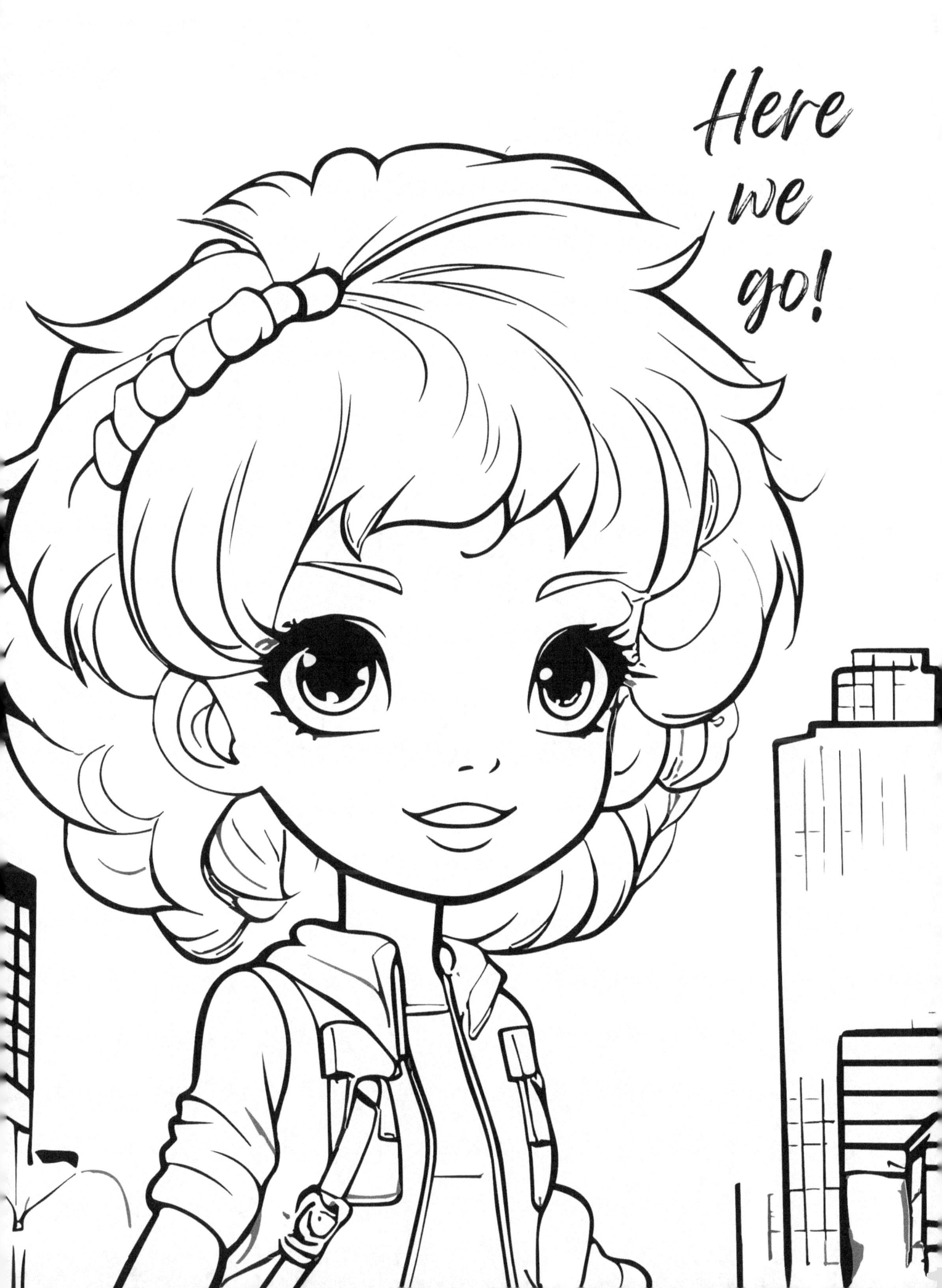

NEON PARTY

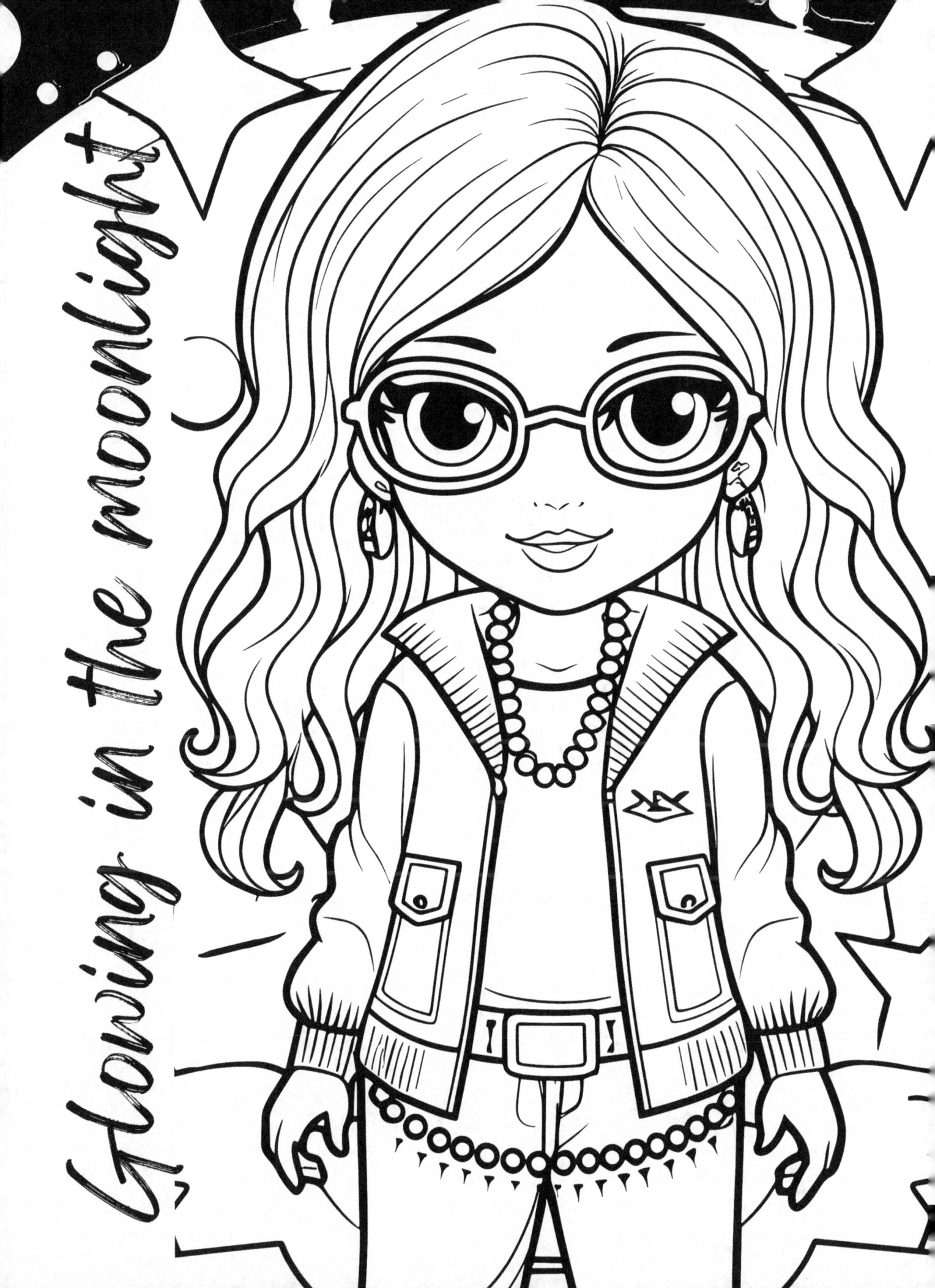

NEON
PARTY

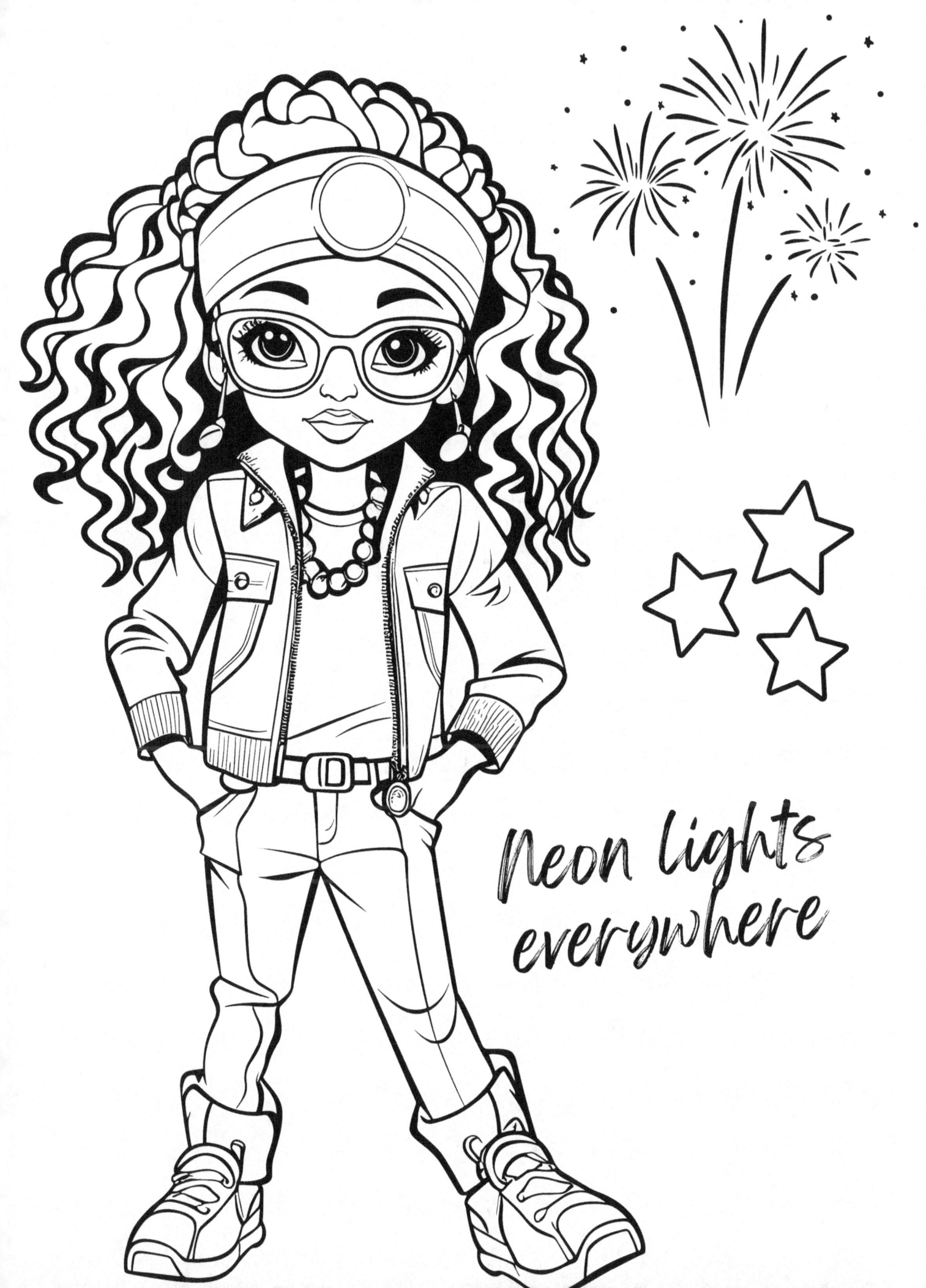

NEON
PARTY

Tiny Divas, breaking free

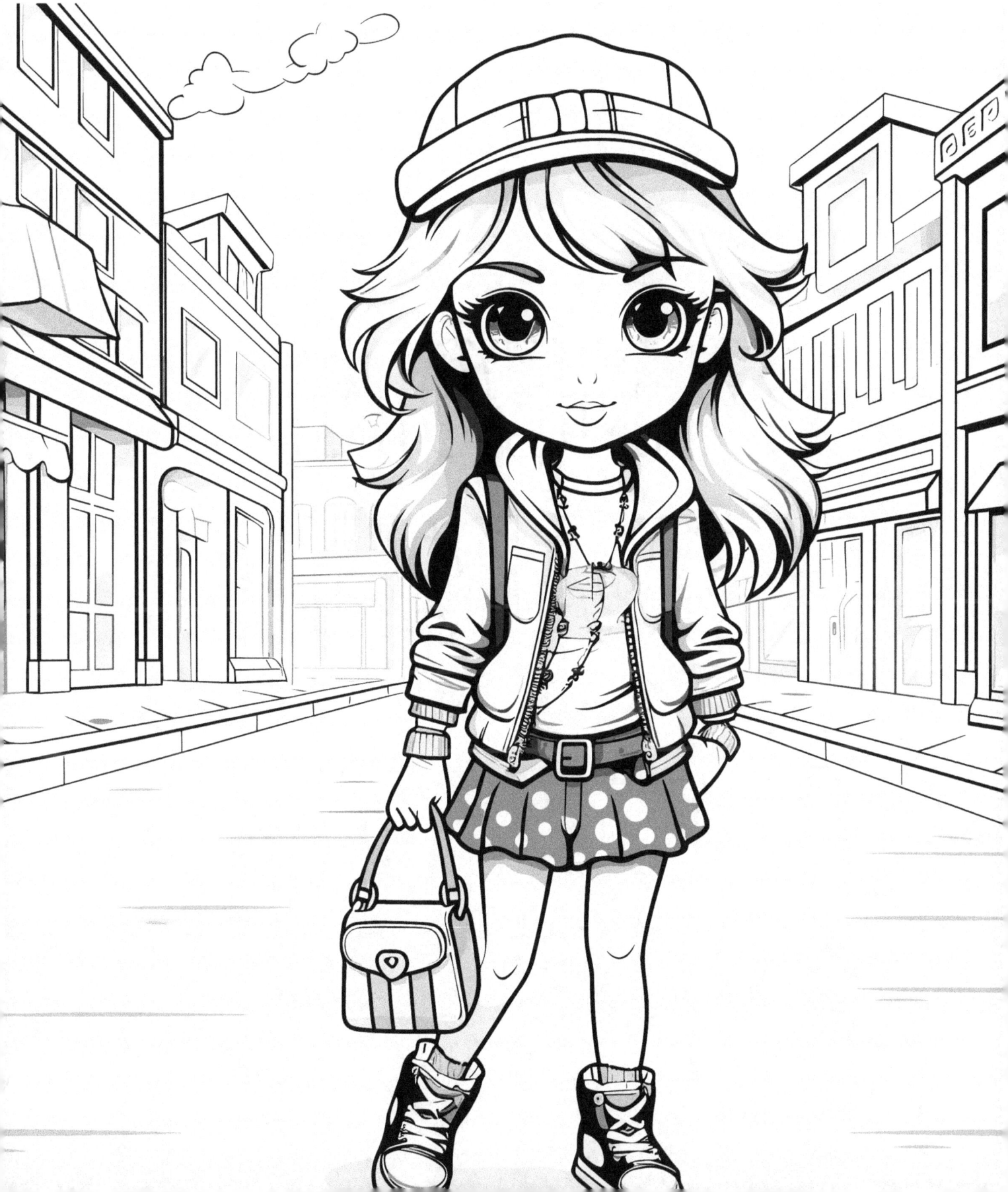

NEON
PARTY

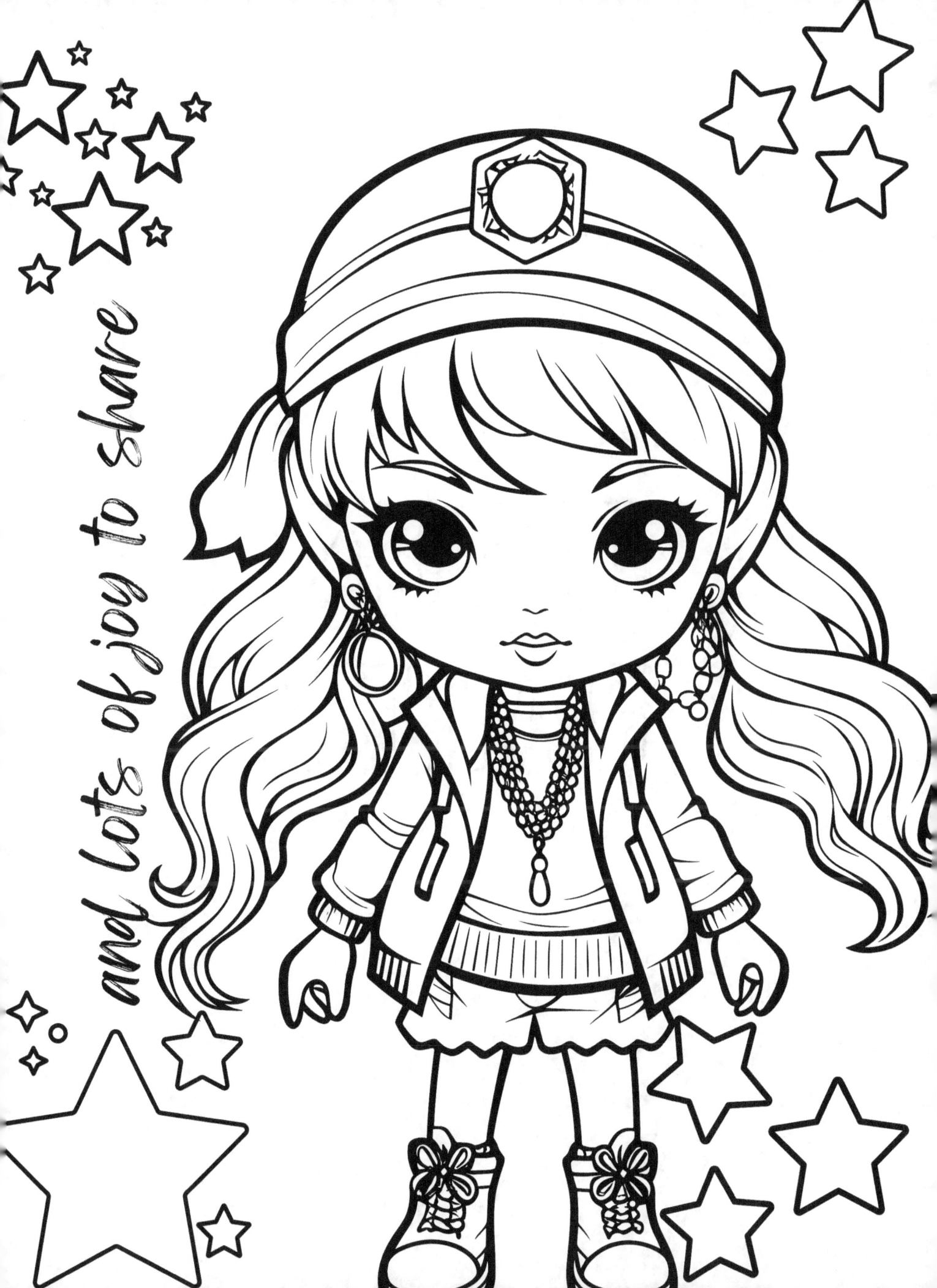

NEON PARTY

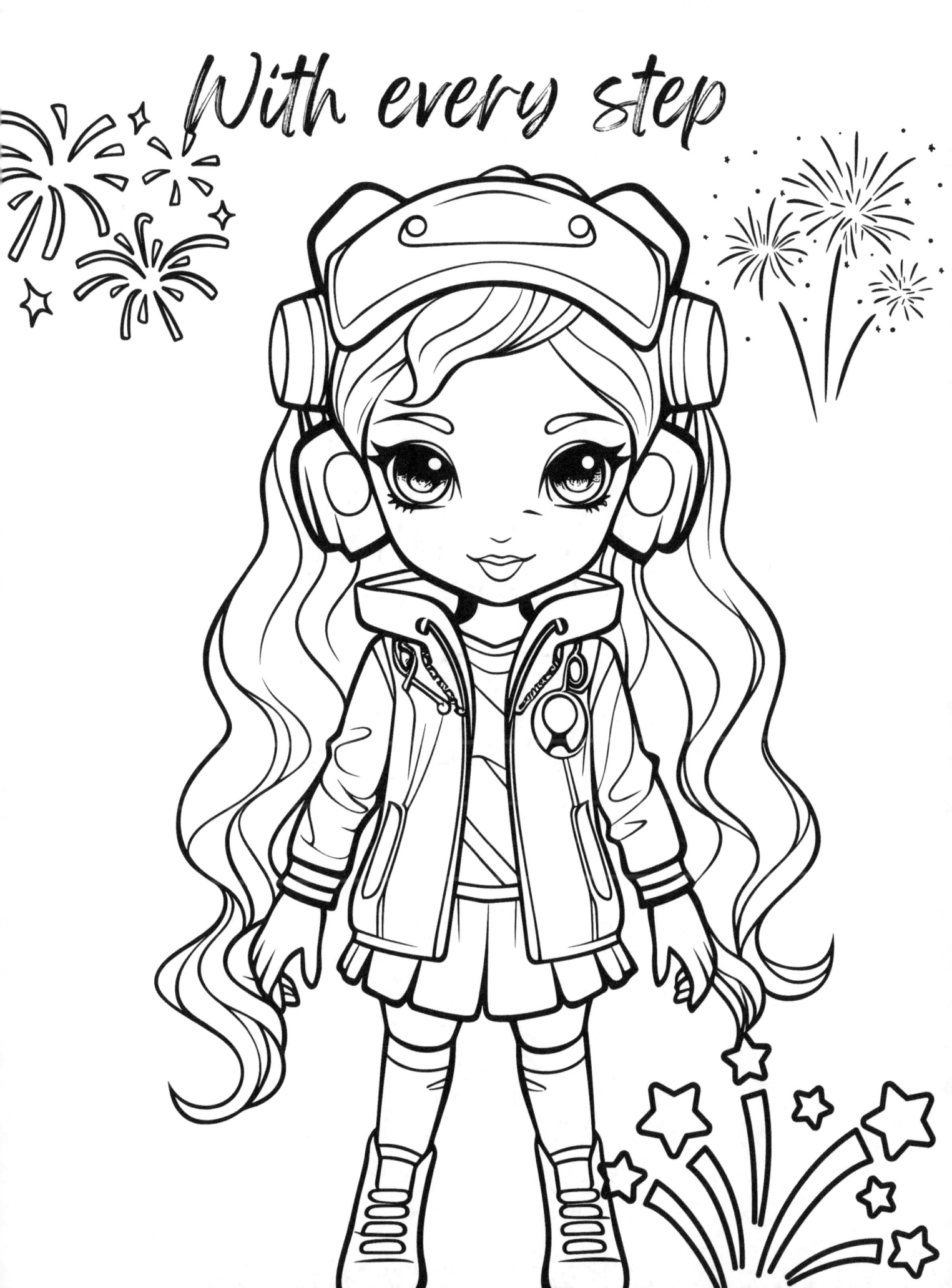

NEON

PARTY

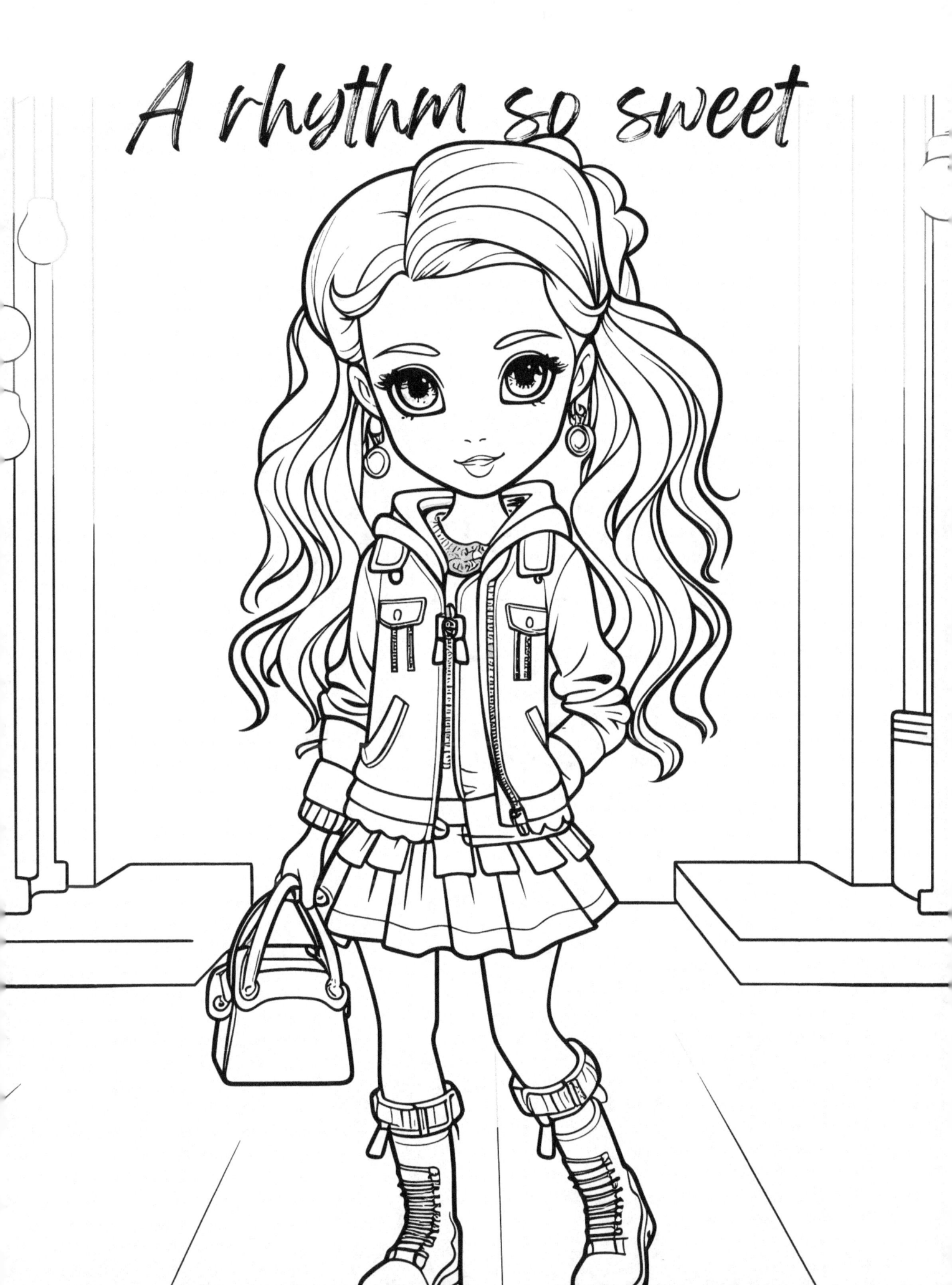

NEON
PARTY

In this Neon Party

NEON
PARTY

Our hearts will beat

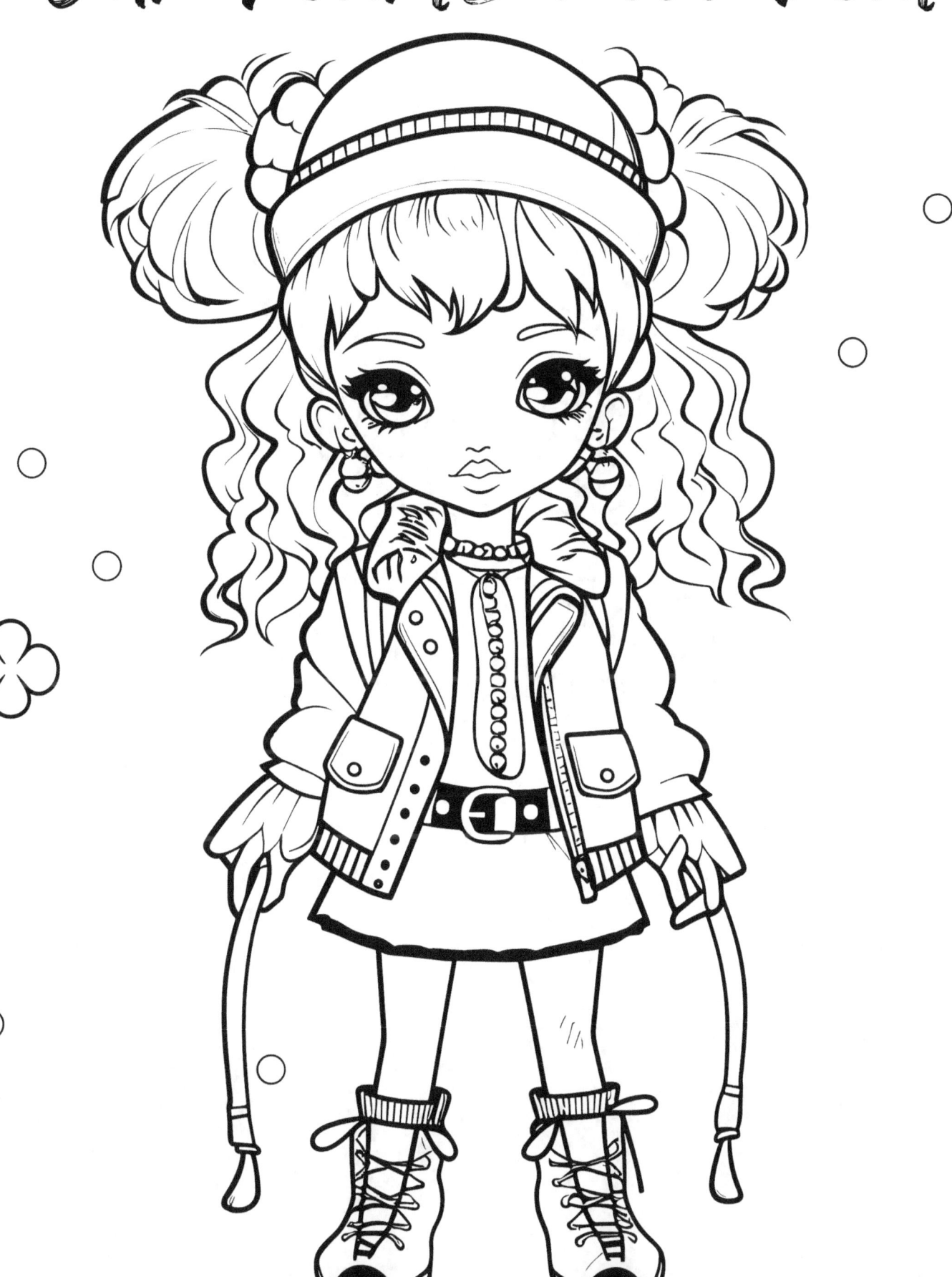

NEON
PARTY

Neon Glow Girls

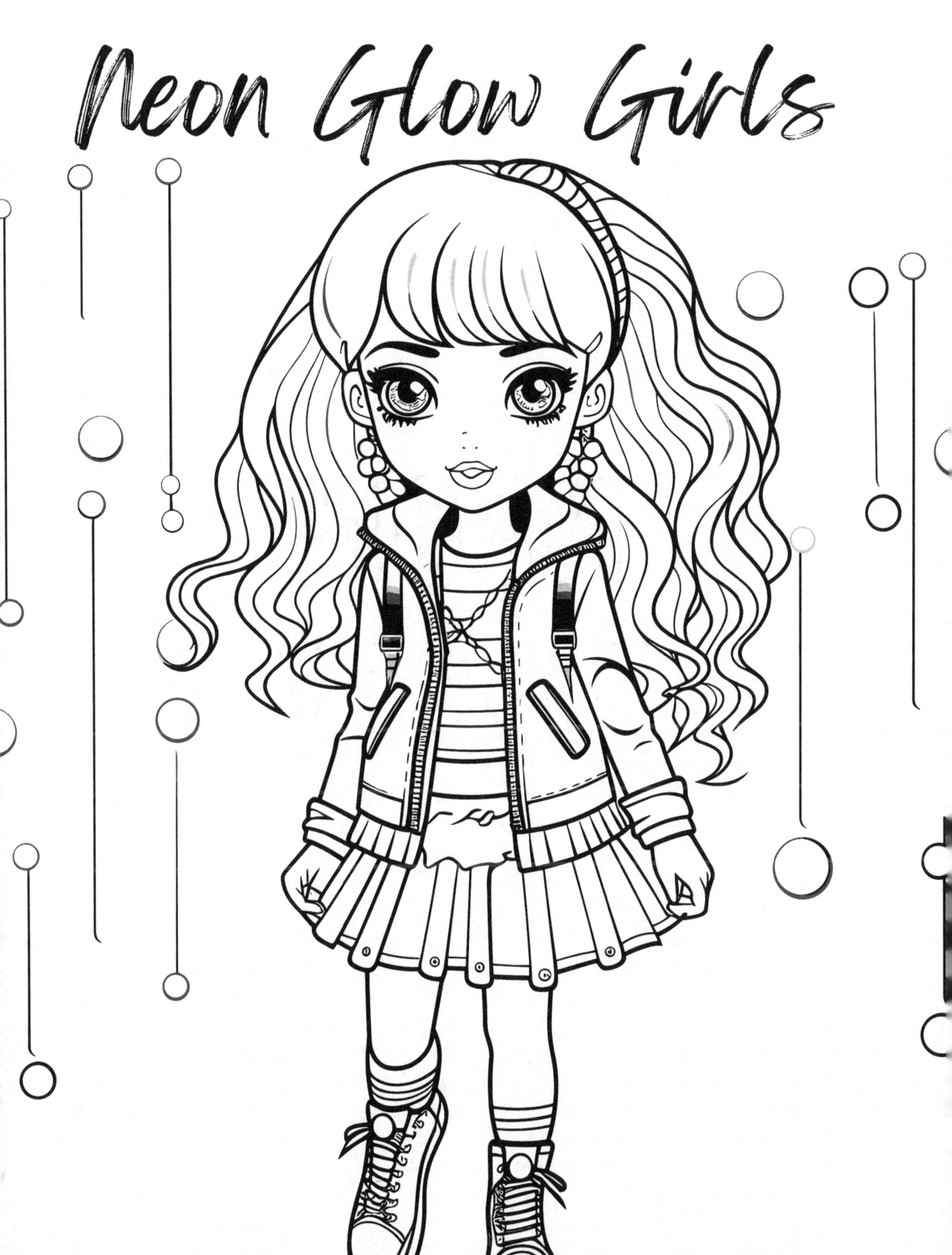

NEON
PARTY

shining so bright

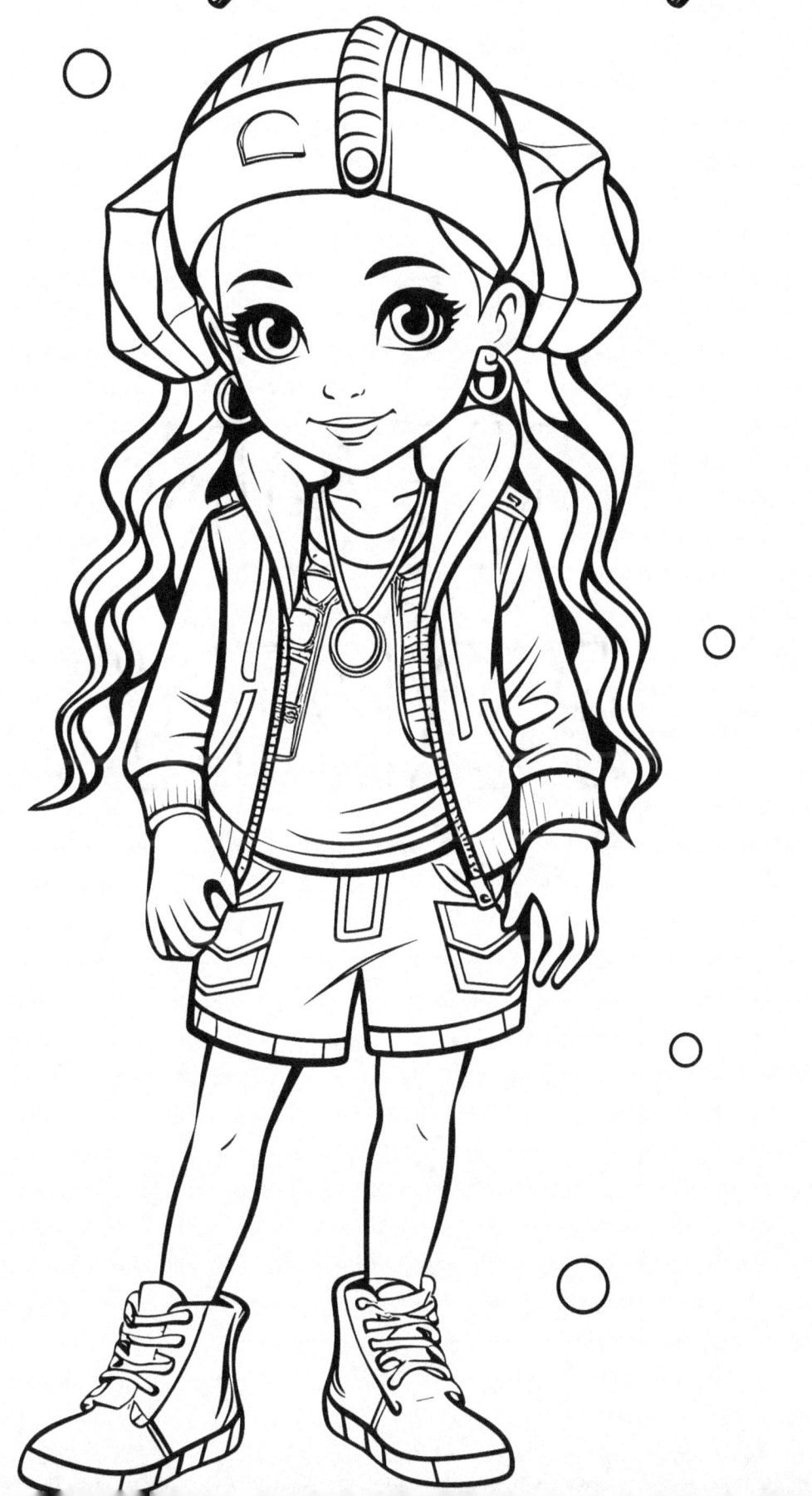

NEON PARTY

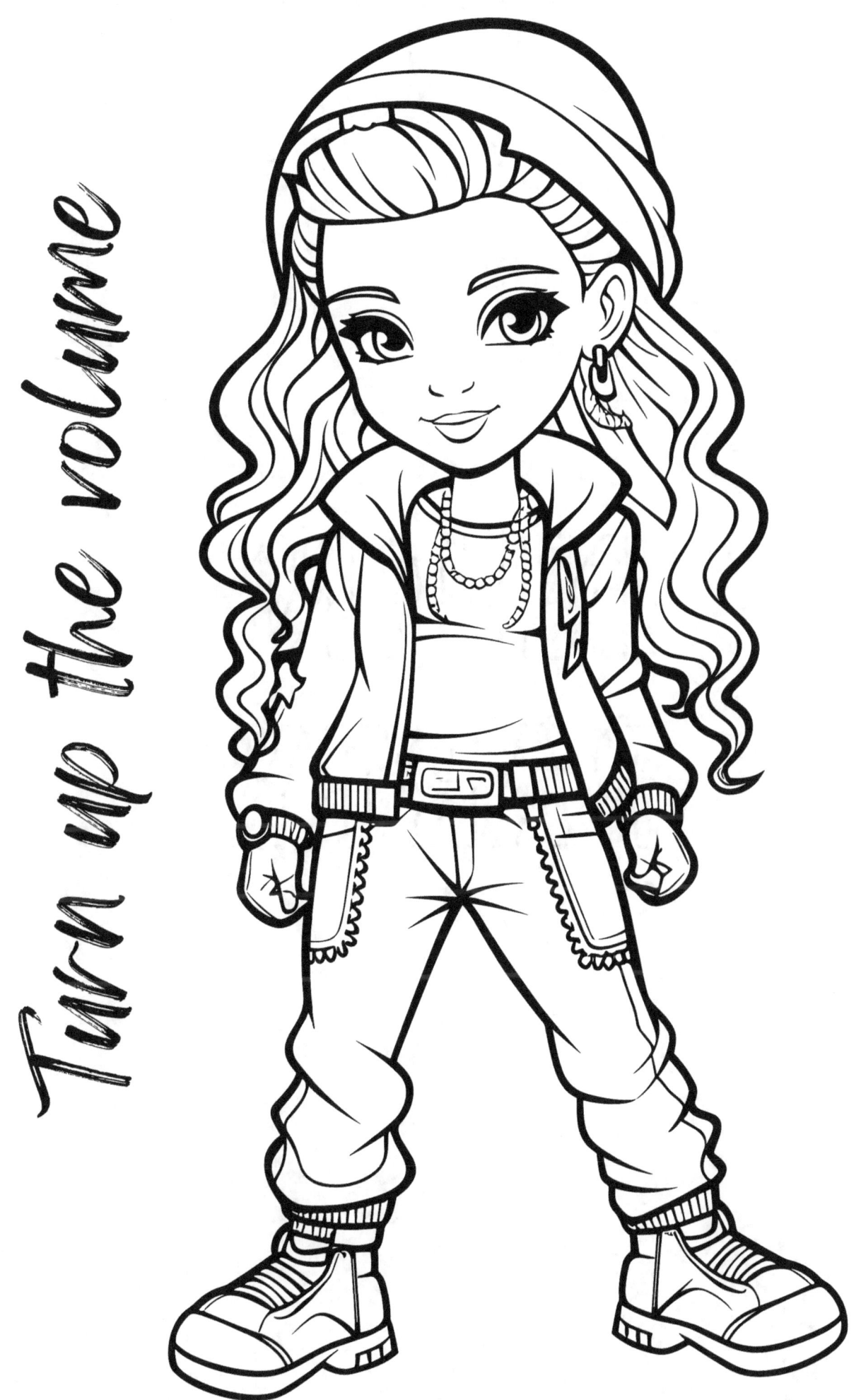

Turn up the volume

NEON
PARTY

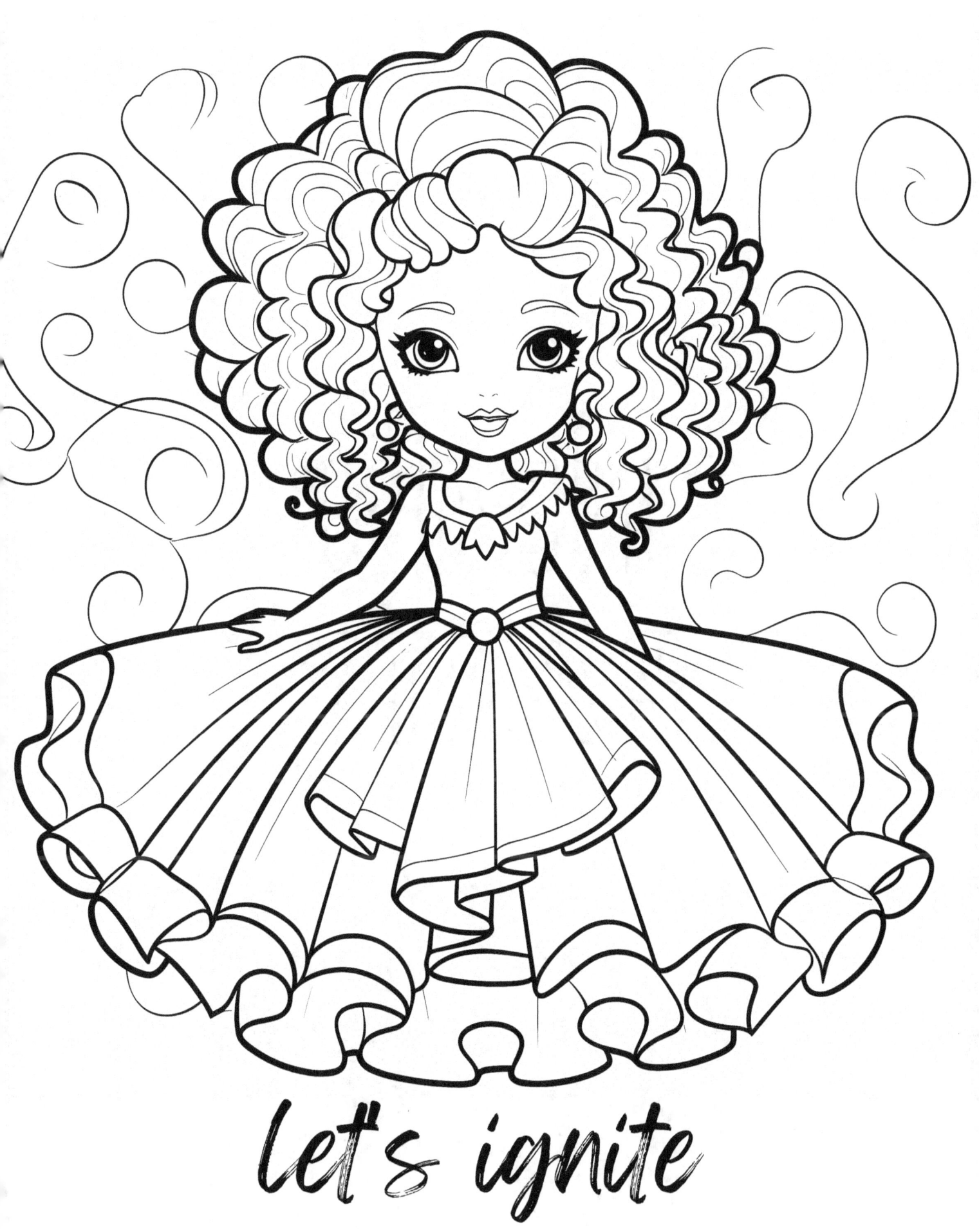

let's ignite

NEON
PARTY

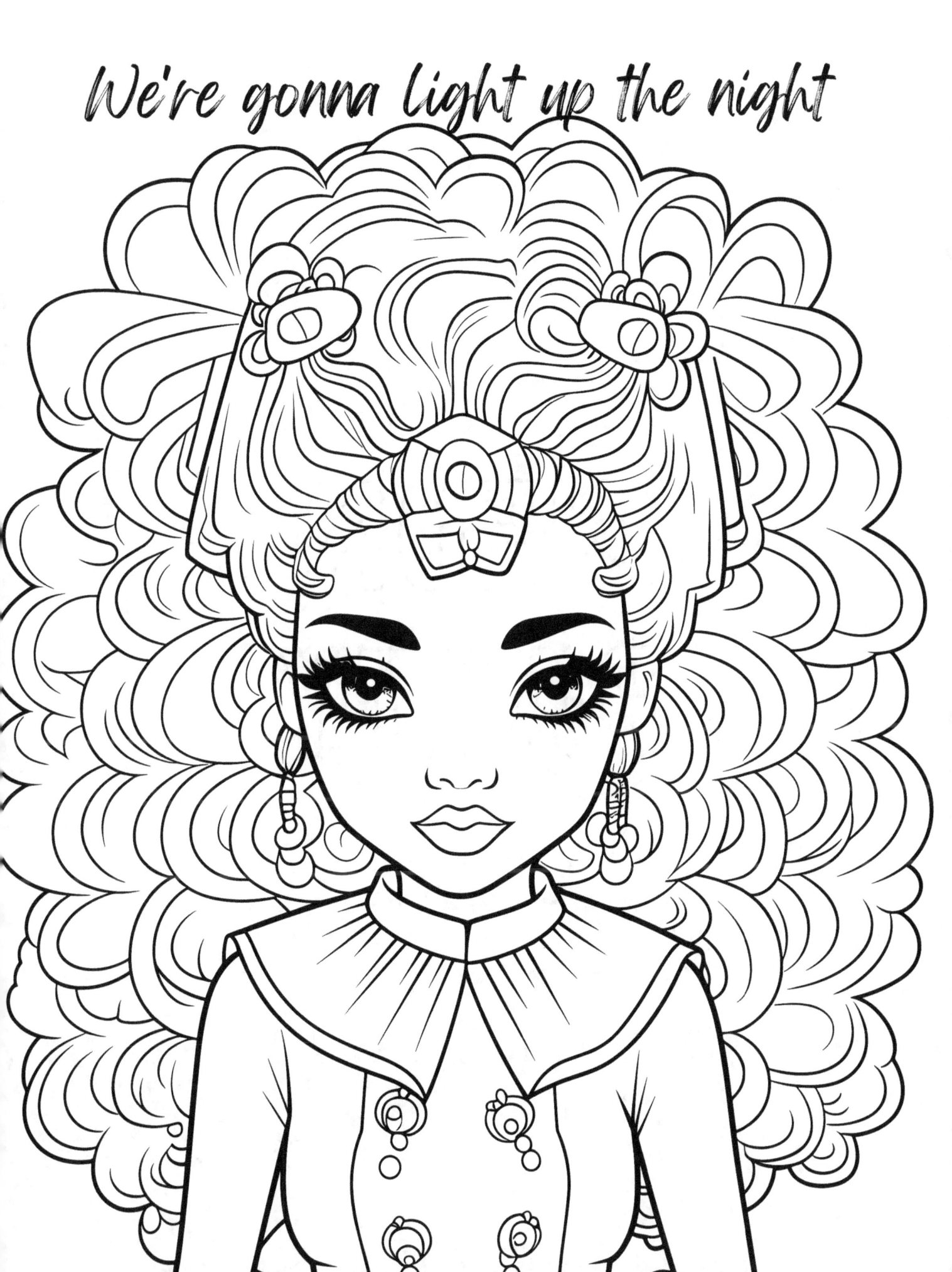

NEON
PARTY

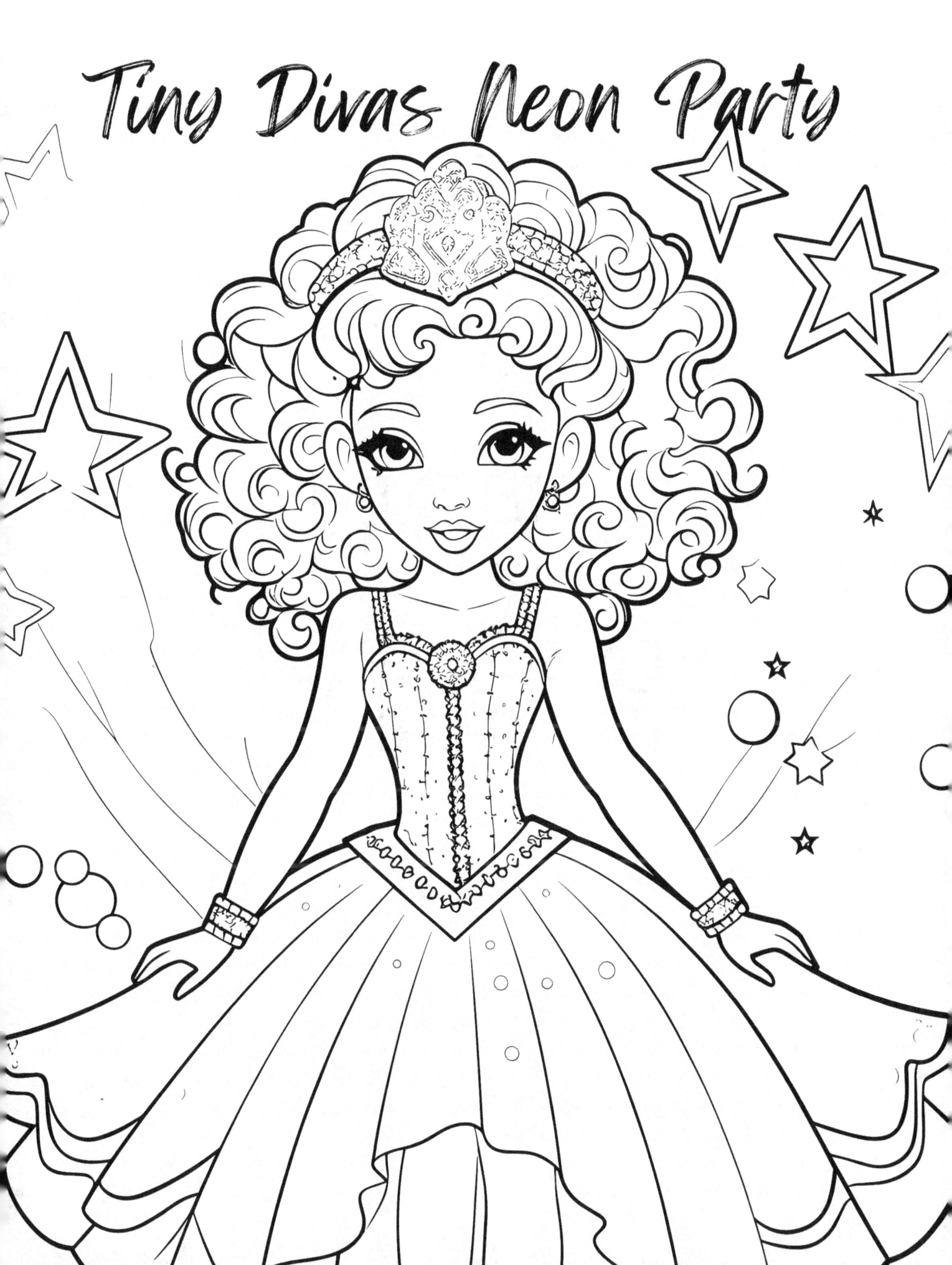

NEON
PARTY

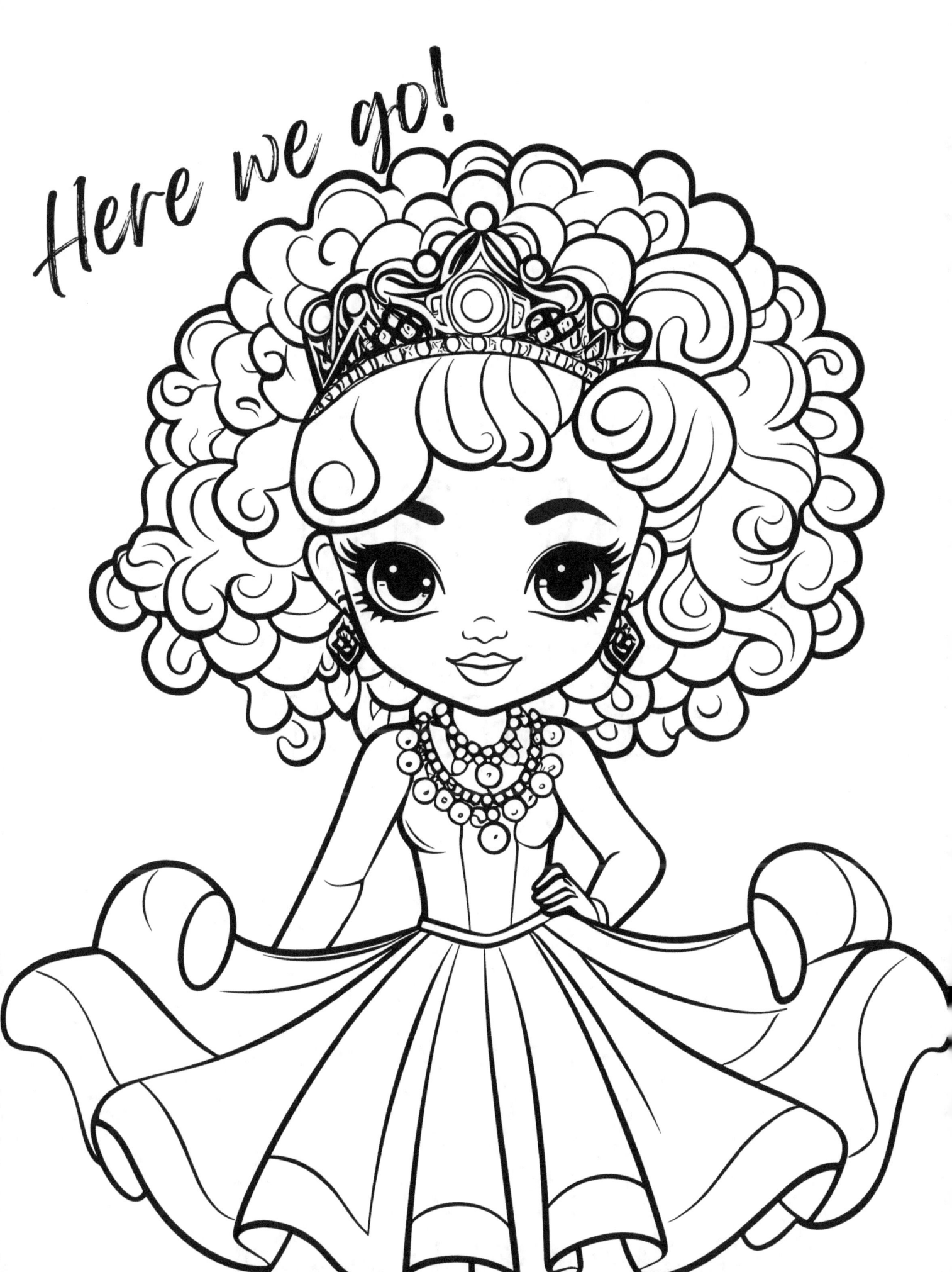

NEON
PARTY

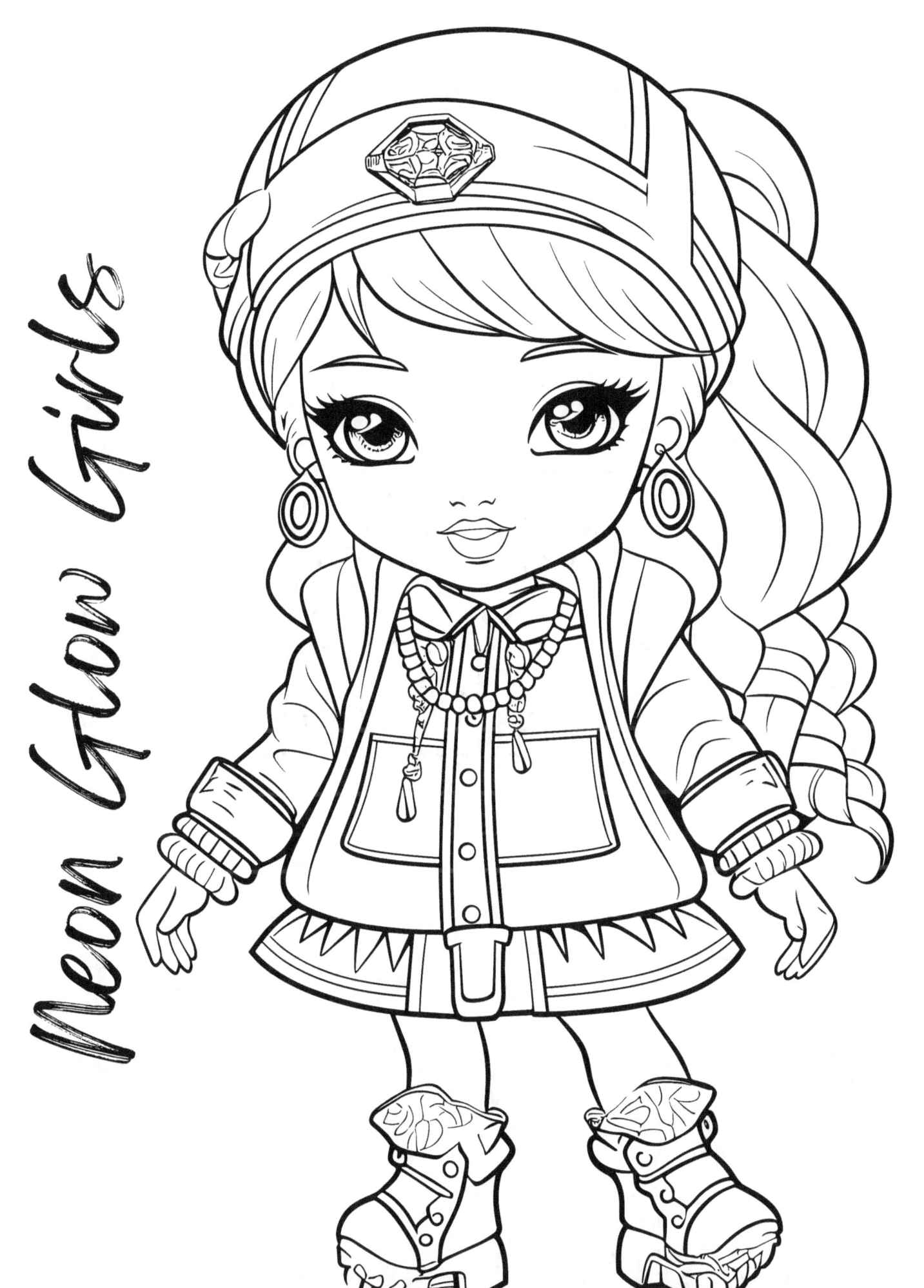

Neon Glow Girls

NEON PARTY

shining so bright

NEON
PARTY

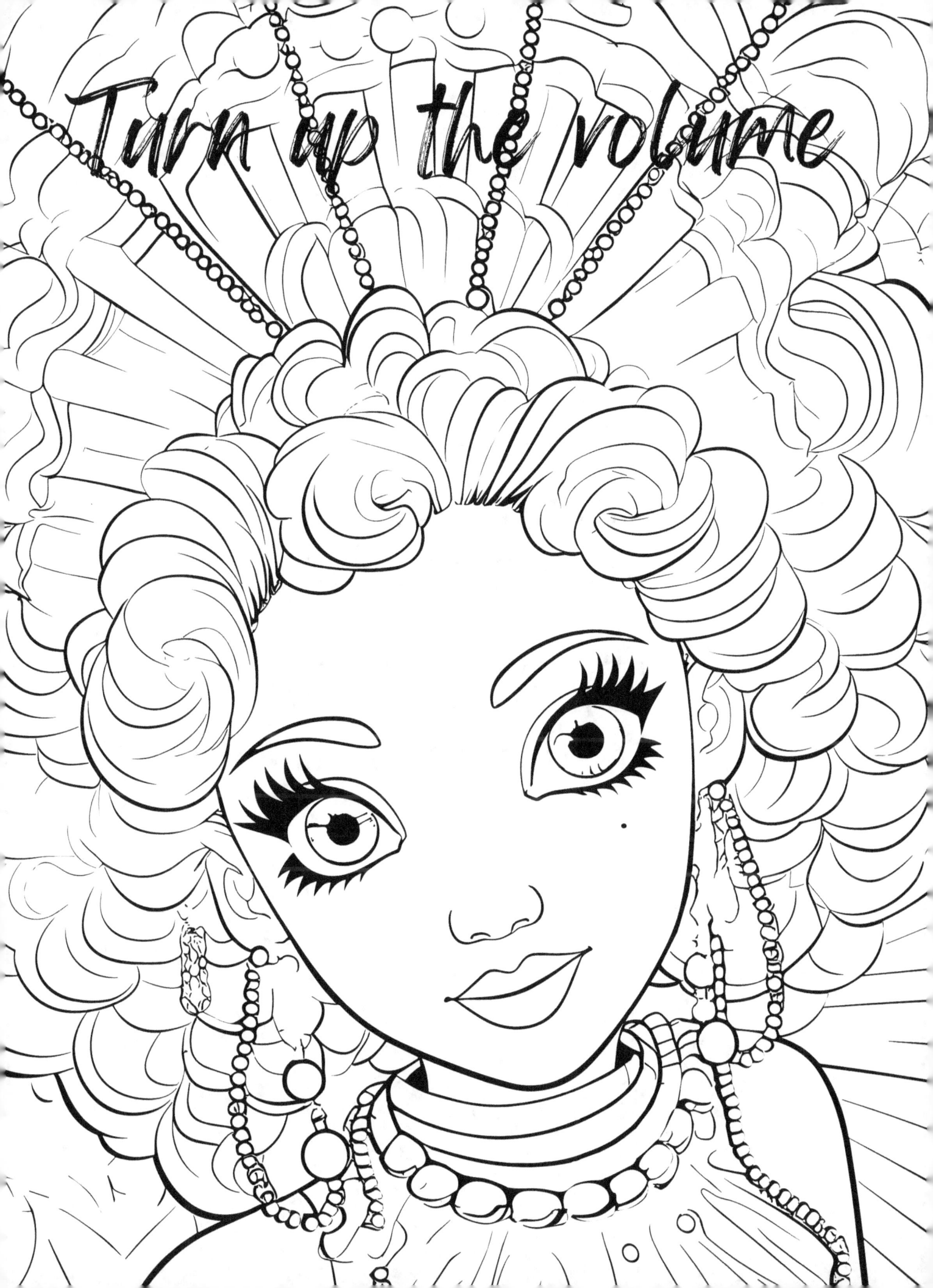

NEON
PARTY

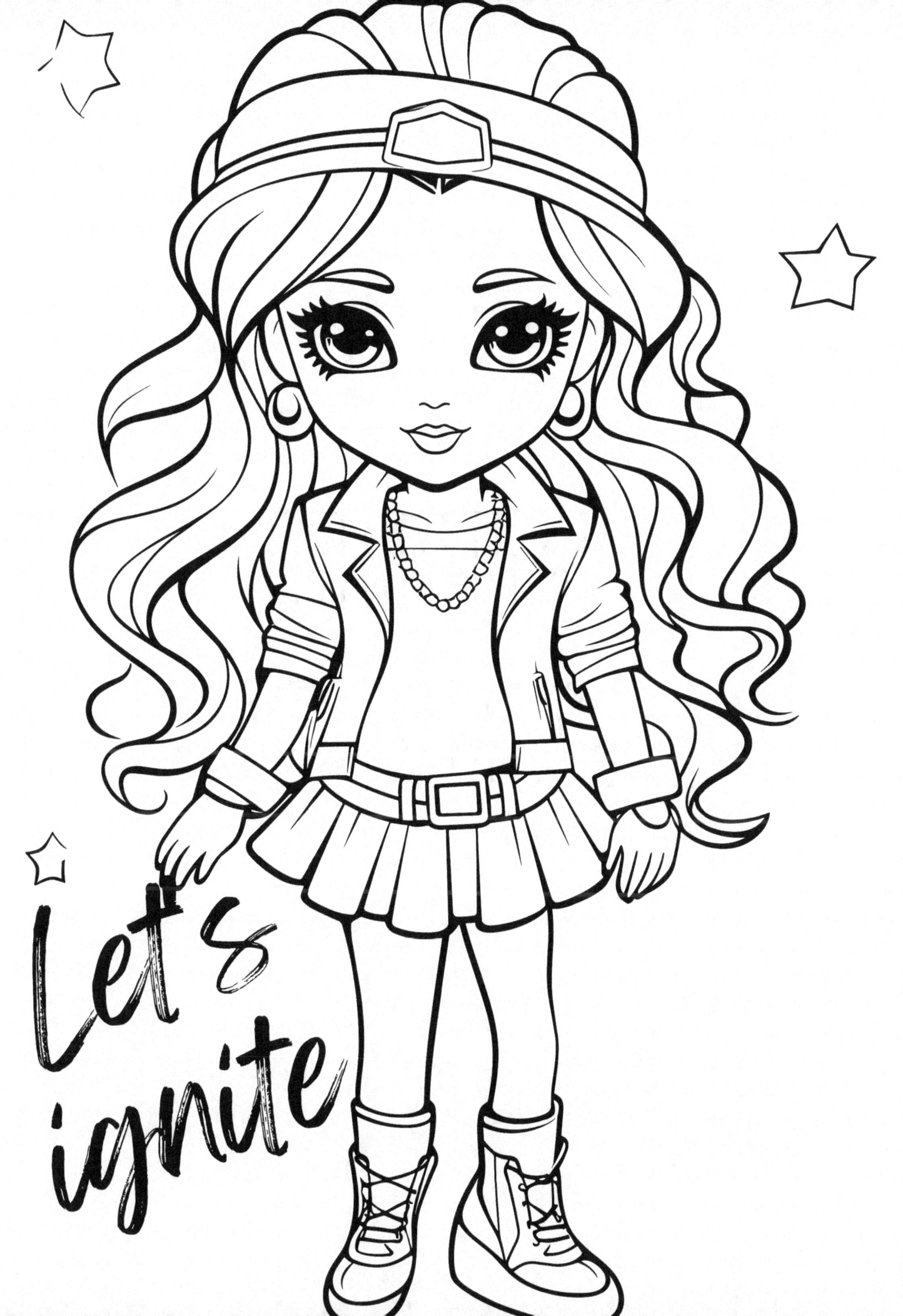

NEON
PARTY

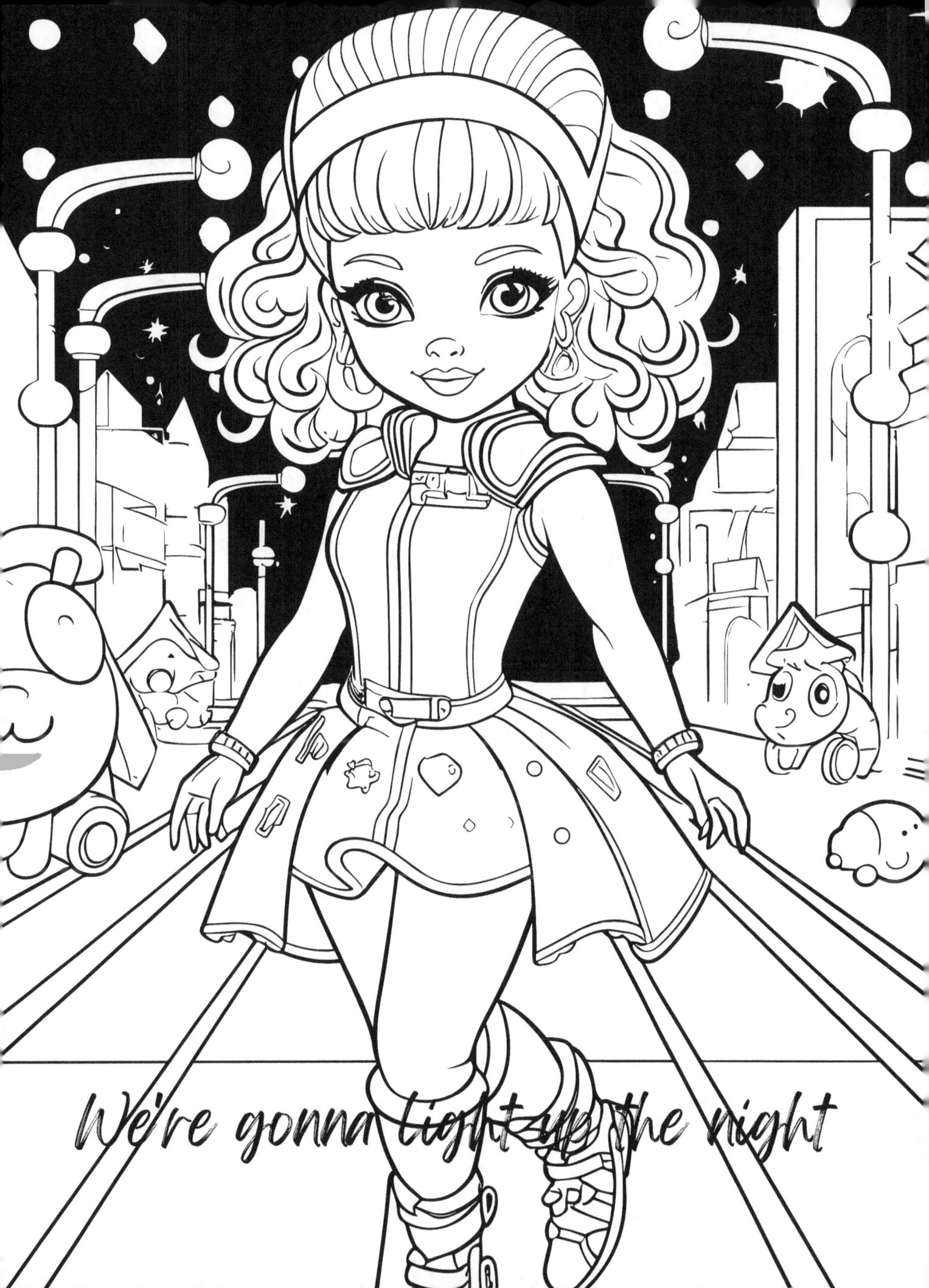

NEON
PARTY

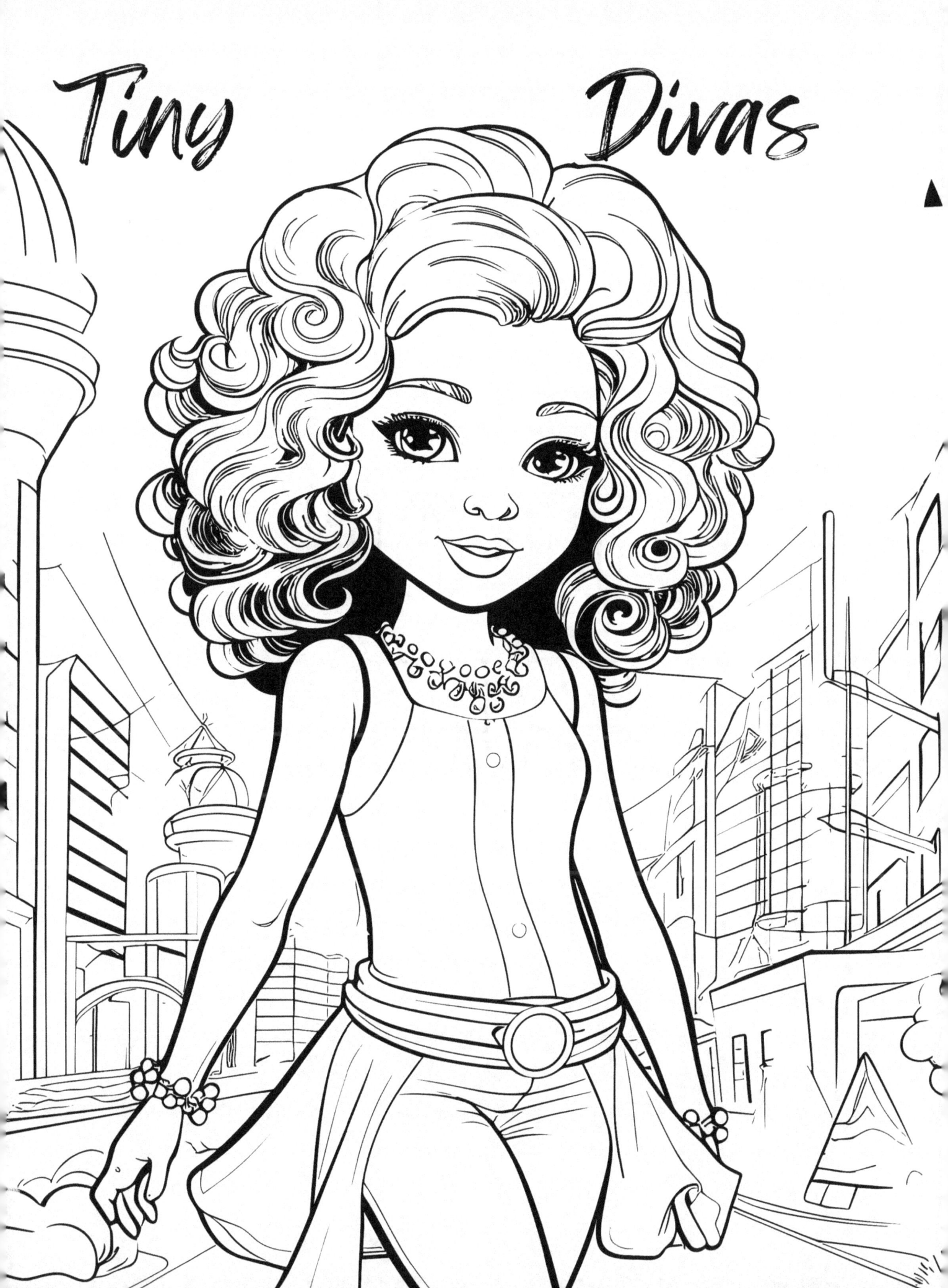

NEON
PARTY

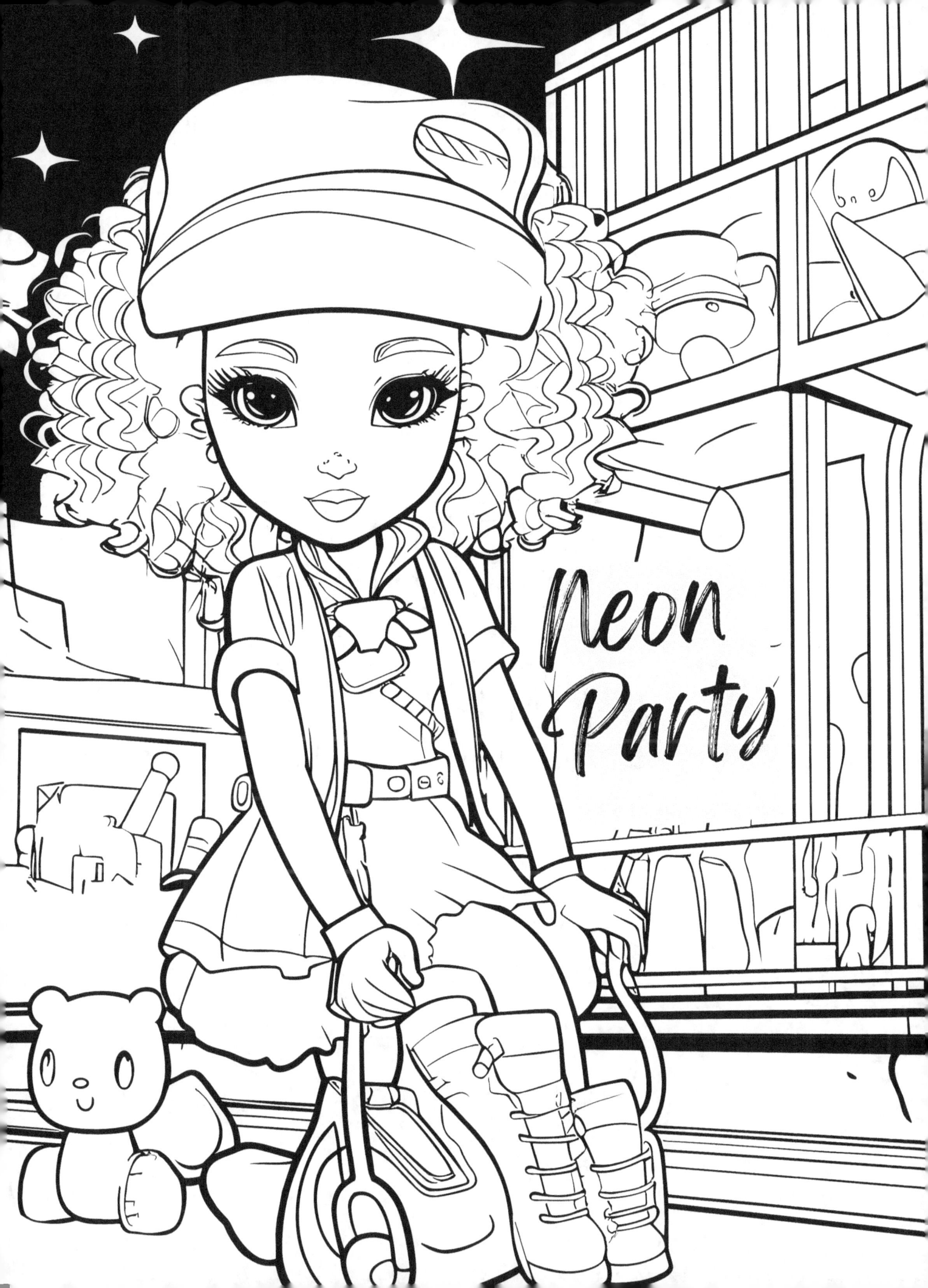

NEON
PARTY

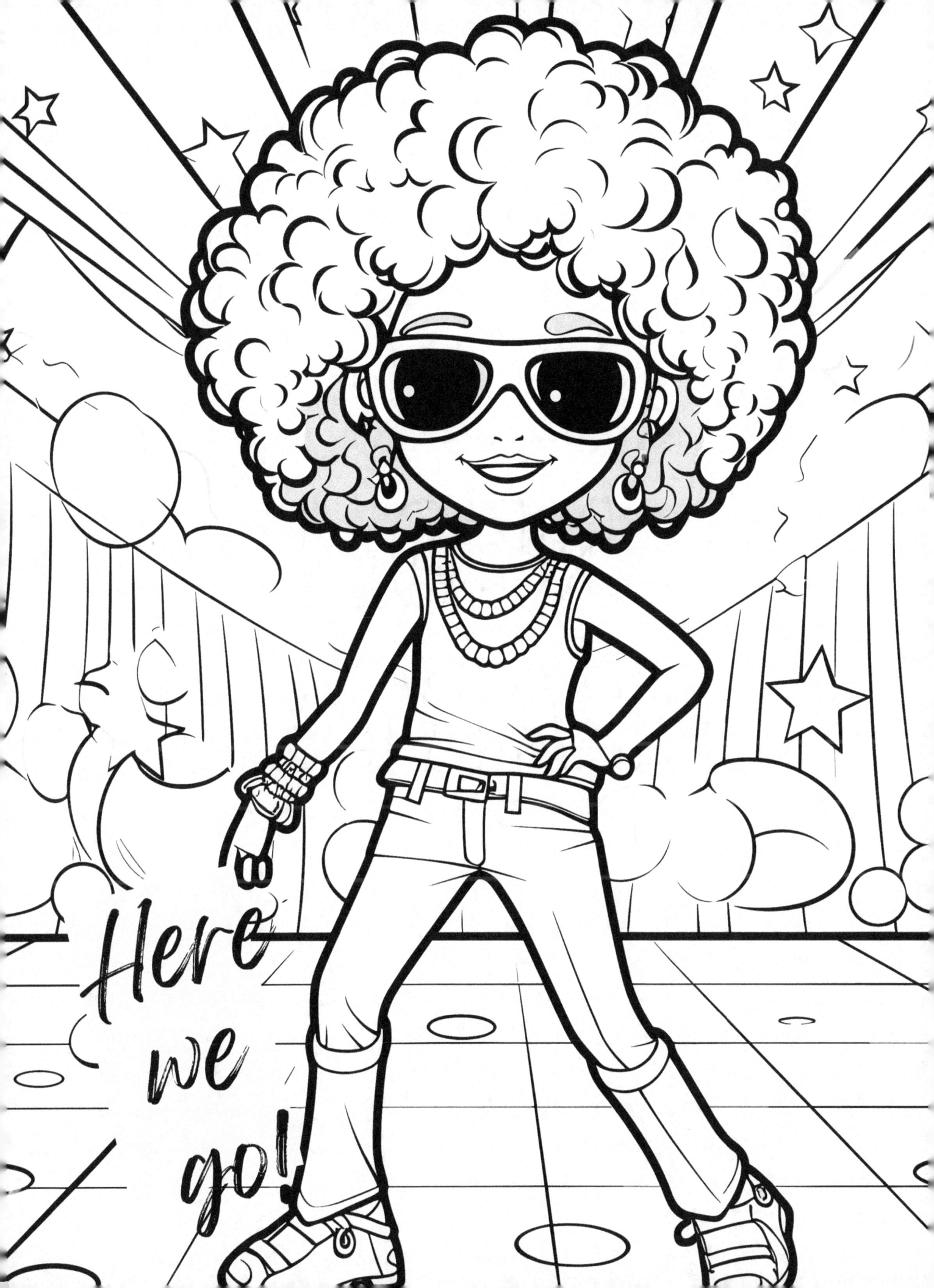

NEON
PARTY

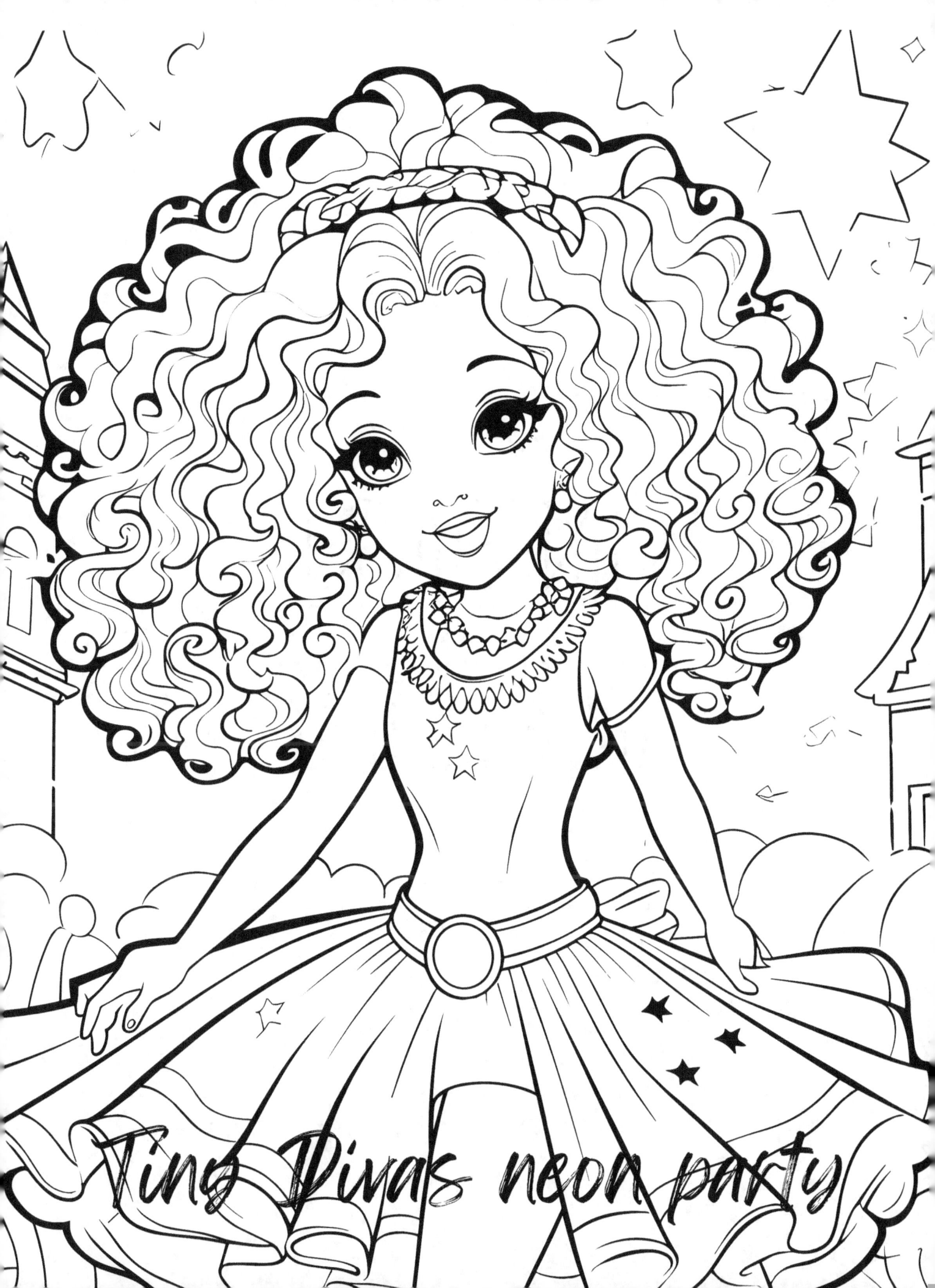

Tino Divas neon party

NEON PARTY

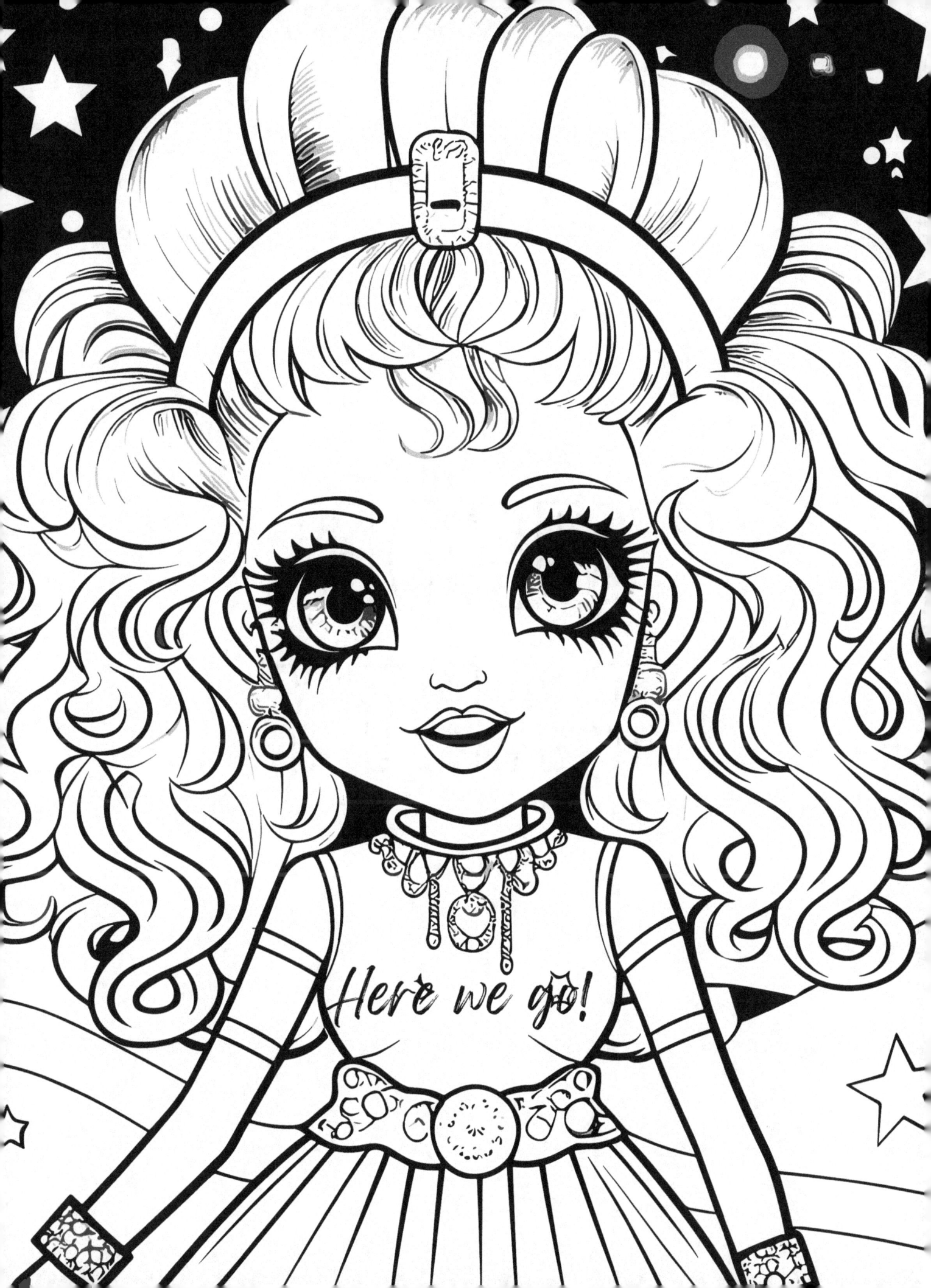

NEON
PARTY

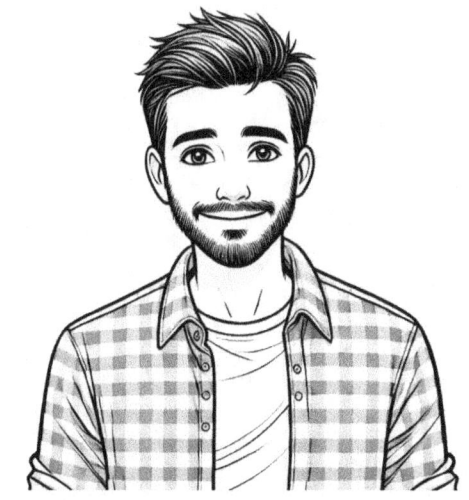

Hey there,

I'm Luis Stabile - the creative force behind "Tiny Divas Coloring Book Neon Party Edition." My passion for art and storytelling led me to craft a coloring book that goes beyond outlines. With 40 charming divas awaiting your neon colors, I'm excited to take you on a journey where imagination knows no limits. Don't forget to search the Tiny Divas songs on your music platforms. Turn this experience into an unforgettable listening to the song "Neon Party" while you put on your neon colors to our divas. Let's dive in and create something magical together!

Warmly,

Luis Stabile

NEON
PARTY

www.ingramcontent.com/pod-product-compliance
Lightning Source LLC
Chambersburg PA
CBHW080837310526
45796CB00015B/308